丝路流光

丝绸之路上的文物传奇

陈祥军◎主编

庚 华◎执行主编

文物出版社

图书在版编目（CIP）数据

丝路流光：丝绸之路上的文物传奇 / 陈祥军主编；
庚华执行主编 . -- 北京：文物出版社，2024.5
　　（丝路文物科普丛书）
　　ISBN 978-7-5010-8409-8

　　Ⅰ . ①丝… Ⅱ . ①陈… ②庚… Ⅲ . ①丝绸之路 – 历
史文物 – 介绍 Ⅳ . ① K86

　　中国国家版本馆 CIP 数据核字 (2024) 第 076729 号

丝路流光：丝绸之路上的文物传奇

主　　编：陈祥军
执行主编：庚　华
作　　者：高睿泽　李怡欣

责任编辑：许海意
责任印制：张　丽

出版发行：文物出版社
地　　址：北京市东城区东直门内北小街 2 号楼
网　　址：http：//www.wenwu.com
经　　销：新华书店
印　　刷：宝蕾元仁浩（天津）印刷有限公司
开　　本：710mm×1000mm　1/16
印　　张：13.75
版　　次：2024 年 5 月第 1 版
印　　次：2024 年 5 月第 1 次印刷
书　　号：ISBN 978-7-5010-8409-8
定　　价：88.00 元

国家社会科学基金2023年冷门绝学研究专项学术团队项目"丝路古道新疆段遗迹考察与中华民族'三交'史文物文献整理研究"阶段性成果（项目编号：23VJXT016）

丝路文物科普丛书编委会

主　　编：陈祥军

执行主编：庾　华

编　　委：陈祥军　庾　华　高晶晶　丁　兰　　　　　胡　飞　李雪婷　高睿泽　李怡欣

第一辑

《丝路流光：丝绸之路上的文物传奇》

作　　者：高睿泽　李怡欣

总 序

陈祥军

　　科普读物在高速发展的现代社会扮演着愈发重要的角色。行业部门、学科专业分工越来越精细，边缘交叉的学科也越来越多，需要向公众科普的知识也越来越多。以往的科普读物以自然科学知识为多，而有关人文社会类的科普读物相对匮乏。面对当前的信息时代，科普读物不仅要传播科学技术知识，更要培育公众基本的历史观和世界观，以帮助他们在日常生活中能够用正确的态度与方式，应对不断变化的复杂的现实社会与外部世界。

　　尤其在"一带一路"倡议提出之后，中国更是以"和平合作、开放包容、互学互鉴、互利共赢"的理念传承着持续2000多年的丝绸之路精神，不仅助力中国海陆边疆走向开放前沿，也促进了丝路沿线各国繁荣发展。丝绸之路自古就是中国与中亚、西亚乃至欧洲的主要商业贸易通道，也是东西方文化交流与碰撞的主要通路。它不仅是人类文明史上重要的交通网络，也是各民族交往、交流与交融的广阔走廊。在将近万年的历史长河里，丝绸之路串联起沿线各地的人群和市场，不仅为他们带来经济贸易、科学技术、政治制度和社会风尚等多方面的新奇风，也于频繁的经贸往来和文化融合中丈量着文明的尺度，更为今天留下了包括遗址、文物和非物质文化等在内的不可胜数的文化遗产。

正因如此，有关丝绸之路的学术研究早已成为一门囊括多学科的"显学"，其近一百多年来的研究成果汗牛充栋，并在全球化和"一带一路"倡议等现实要素的加持下，不断迈向更为深远的境界。

随着"一带一路"倡议的有序推进，丝路沿线各族人民在政治、经济、社会及文化等领域的交流也日益密切。大众越来越关注丝绸之路，他们对丝绸之路科普读物的需求也日益增长。但目前进入公众视野的丝绸之路科普读物仍处在一种初级阶段，其深度和广度都相当欠缺。一方面，部分读物囿于创作者的学术背景和个人视角，往往使用陈旧或错误的知识与观点，进而造成了"不准确的知识"的传播。另一方面，不少读物面向的读者群体相当狭隘，似乎存在一种思维定式，即科普读物必然是写给儿童看的，这种思维认知限制了科普读物的编写。在学术科普的先发国家，学界巨擘的代表作品以各种版本出现在车站站台等公共区域，新问世的重要发现也会被很快地编写成面向各年龄层次的科普读物。归根结底，是我们还没有意识到，"需要被科普的人"不仅仅有儿童，还包括不同年龄层次和不同受教育程度的各类人群，围绕他们的认知水平进行分众化的科普读物编写，应当是未来学术科普工作的重要方向——即使是充分接受过高等教育的人群，在他们自身专业领域以外的知识，同样具有科普的意义。就科普读物本身来说，是否也应该让"大人"了解相关知识，以形成全员参与的家庭科普环境？毕竟，科普是教育的一环，建设起良好的科普氛围，本身就是在培育人才强国和科教兴国的新生力量。

　　为此，这套"丝路文物科普丛书"尝试用通俗易懂的语言和公众耳熟能详的丝路文物，基于全球史视野下的丝绸之路，用文物呈现出丝路上中华民族内部源远流长的交往交流交融故事，即各民族间你中有我、我中有你的历史基础。同时，它也促使着我们，决心编写一套面向高中以上认知水平人群的丝绸之路科普书系。在书中，我们以文物考古知识为主题，以实物资料为核心，将最准确和新颖的学术研究成果转化为通俗语言，力求在考古文物、外来物种、知识技术、城市遗址和博物馆机构等方面为读者呈现出一幅生动的丝路图卷。为适应新时代的发展需求和履行民族院校的历史使命，我们殷切期望这套书系能够在铸牢中华民族共同体意识和促进民族交往交流交融中增进公众认知。

　　本套丛书的起点可以追溯到2022年初春。当时，庚华教授在带领文博专业毕业班学生参加"SROM丝绸之路云上策展大赛"活动的过程中，萌发了撰写科普读物的想法。最终，由庚华教授主编，我院文博毕业生高睿泽和李怡欣联合撰写的《海洋"时光机"》于2023年顺利出版，它是以海上丝绸之路沿线文物为核心的科普读物，也是我们文博科普的源头。

　　无论是《海洋"时光机"》还是这套"丝绸之路科普读物"，都得到了中南民族大学民族学与社会学学院的大力支持。中南民族大学的民族学与社会学学院（民族学博物馆）历来为华中乃至全国地区的民族学科研重镇。在数代学者的辛勤耕耘下，学院已建立起囊括民族学、人类学、社会学、历史学和文物与博物馆学等多学科的综合学术体系，其学术团队构成了我们编写这套书的智力支持，也是我们自信于做"高认知水平科普读物"的底气。学术乃天下之公器，可以说，这套书正是处于诸学科延长线交汇点上的智慧结晶。

　　在执行主编、编委，尤其是庚华教授带领的文物与博物馆学专业师生的共同努力下，本套丛书的首本科普读物《丝路流光：丝绸之路上的文物传奇》即将付梓。该书以丝绸之路上的20件文物为中心，撰写了夹叙夹议、严谨生动的科普文章。整本书不仅彰显着中南民族大学民族学与社会学学院的学术传统，也兼采南京大学、浙江大学等高校的研究专长，可以说做到了知识性与通俗性的平衡。克绍箕裘，踵武赓续，我们将以此为起点，努力为社会大众呈现高水平的丝绸之路沿线民族交往交流交融科普读物！

　　是为序。

　　　　　　　　　　　　　　　　　2024年1月31日于武汉南湖园

目录

序 章

丝绸之路，一场传奇的开始
——金丝织物

　　希腊的塞萨洛尼基考古博物馆（图1），陈列着6件引人注目的纺织品残片，它们是古塞萨洛尼基东部公共墓葬区域（图2）出土的金丝织物，多取自于一个含铅石棺中的女性尸体身上。可以想见，这些残片原本是她下葬时所穿衣服上的，只是历经岁月沧桑，当初的华服早已消散无踪，唯余几寸织物供人怀想。

　　考古人员基于上述文物资料，披露了更多关于这具女尸的信息：她生活在3世纪中期至4世纪初的爱琴海北岸（图3），身高约为1.6米，死亡年龄在55岁至60岁之间，头发、眉毛和睫毛均保存完好，尸体的主要部分做了防腐处理并以绷带包裹。她在下葬时身着一件金丝混织的

图1　塞萨洛尼基考古博物馆外景

图2　塞萨洛尼基的公共墓地

图3　希腊爱琴海北岸的圣托里尼

紫色纱衣。残留在棺壁上的有机物成分表明，此衣由蚕丝与金线混织而成，又被菘蓝和朱草两种复合植物染剂漂成了紫色——前者俗名"板蓝根"，后者别名"朱英"。古罗马人常将菘蓝制成蓝色染料，朱草制成红色染料，混合后做成平价的紫色染剂，以此替代从骨螺中提炼出的昂贵的紫色染料。纱衣之上又覆盖了长长的金丝带，得益于金线的坚固与稳定，在大部分衣物风化腐烂后，金丝带的残片成了最后的"幸存者"。

作为希腊现存为数不多的古代纺织物，塞萨洛尼基这六件形状各异、残损不全的金丝织物无疑是高超纺织技术的典范。两条外沿垂线饰带和两条椭圆形叶子平行窄带，构成了它们的装饰主题，大椭圆形叶与菱形叶则以附属纹饰的形式装点在织物两侧（图4）。这些装饰图案，自希腊化时代以来，就广泛流行于地中海沿岸地区的艺术母题。

如此看来，若无伤病缠身，石棺中的夫人显然会是那个时代里福禄双全的"长寿老人"。这位贵妇人生活的时代恰好是罗马帝国从3世纪危机走向最后一次中兴的转型期（图5）。或许，她在数十年的岁月里，曾不止一次地成为历史见证者，目睹帝国的治乱陵夷和悲欢离合。

说到这里，兴许很多人还未记住开篇出现的地名"塞萨洛尼基"。它是希腊北部最重要的港口城市，也是古代马其顿王国的都城，还是

图4　金丝织物
年　代：罗马帝国（3世纪中期至4世纪初）
类　别：可移动文物·纺织文物
藏　地：塞萨洛尼基考古博物馆（希腊）

图5　公元3世纪初罗马帝国疆域示意图

罗马帝国联结欧亚商路的贸易交汇点。尽管塞萨洛尼基今天看起来默默无闻，是座小城，但1800年前却十分辉煌与宏伟。希腊、罗马、马其顿，吉光片羽般的丝织品，还有比远方更远的东方……寥寥数言便唤起了一幅锦绣琳琅的画卷，一幕幕传奇也将由此开始，纵横四海，联袂东西。

这传奇，就是丝绸之路。它对我们来说似乎是个太过熟悉的名字，熟悉得让人感到有点陌生和恍惚。那么，我们不妨从最初的起点开始，重新了解它和它的生命史。

1877年，德国地理学家李希霍芬在其《中国》一书中，根据商贸物品的性质，首次提出"丝绸之路"的概念。事实上，丝绸之路的历史源远流长，自青铜时代以来就是连接东亚、中亚、西亚、南亚各国和地中海地区乃至西欧的重要陆海通道。在数千年的历史长河中，丝绸之路不仅是商品交流的重要通道，更是传播沿线文化、促进族群交往融合的古代文明大动脉（图6）。

　　虽然丝绸之路的道路网络性质赋予了沿途各地可以作为独立起终点的天然合理性，但我们自然更倾向从中国史的视角讲述丝绸之路的发展历程，特别是陆上丝绸之路的兴衰史。

　　早在先秦时期，从中原经河西走廊前往西域以及中亚、西亚各国的贸易路线就已经存在。这些从文献记载和考古资料中也得到实证，如《穆天子传》就记述了周穆王游历天下，向西经过河西走廊与沿途各地君长交好并交换礼物的史实。

　　丝绸之路的正式开辟，发轫于西汉张骞的"凿空之行"。此后，乌

图6　陆上丝绸之路路线示意图

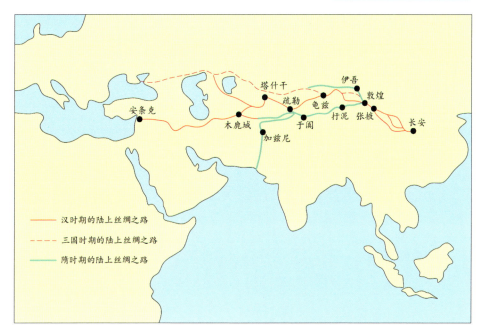

孙、大宛、康居、大月氏、大夏、安息等国使者陆续来到东方，东方各国的商人亦前往西域经商，东西交流自有汉一代始趋紧密。

三国两晋南北朝时期，中原地区虽然动荡，但丝绸之路并未因此中断，文化交流和贸易往来依旧畅通。此时，西域诸国与南北政权都有频繁往来，以至于我们能在南京象山王氏家族墓地里见到来自地中海地区的金刚石指环。

隋唐时期，中国迎来了空前开放的时代，随着大运河的贯通，唐王朝政策的开放包容，丝绸之路贯通连接的东西方交流达到第一次鼎盛。除丝绸外，茶叶、马匹、瓷器、玻璃等商品也成为丝绸之路上的大宗货物，商贸、政治、宗教、军事和艺术交流活动长盛不衰，长安、洛阳和扬州等城市俱为当时的国际大都市。

得益于西汉以降数百年的努力，自中原腹地通向域外的大路长期畅通——向东可以通过朝鲜半岛到达日本；向西能够跨过君士坦丁堡和西奈半岛，一直延伸到意大利和埃及；向南跨过印度河流域后，可直达南亚次大陆腹地；向北亦能横跨欧亚大草原，借助游牧民族的马力延伸到西伯利亚。这条连绵万里的东西通路，将欧洲、亚洲和非洲紧密联系在一起，几乎沟通着整个古代人类世界。

唐末以后，随着经济中心的逐渐南移和航海技术的发展，以东海和南海贸易为中心的海上丝绸之路逐渐兴起，成为承载沿线各民族交流、交往与交融的桥梁。

时至今日，"丝绸之路"的概念早已不再局限于某条或某几条古代世界的通路。在"一带一路"合作倡议的框架下，古老的丝绸之路逢春盛放，成为当今世界交流对话的重要走廊和人类命运共同体的牢固纽带。

值得一提的是，作为商品的丝绸本身就堪称一个传奇。众所周知，丝绸是中华民族织造技术的智慧结晶，是以中国为代表的东亚世界的珍贵特产。在我们固有认知里，它还是西方世界为之一掷千金的奢侈品。毕竟，古罗马的历史文献将同时期的汉王朝称作"丝国"，12世纪初的阿拉伯人亦在书中记载了"唐朝官员穿五件丝绸衣服，仍能显出胸前黑痣"的经典秘闻。然而，若将问题往后推一步，我们会得到更多有趣的故事——古罗马人购买大量丝绸是为了做成衣服穿在身上吗？阿拉伯人的记载又是从哪儿听来的？

先看第一个问题，便能收获许多"冷知识"。古罗马人热爱丝绸是事实，但他们爱的不是"绸"，而是"丝"。这要怎么理解？实际上，比起轻薄软滑的丝绸，生活在日照充足的地中海沿岸的古罗马人更青睐透气散热的纱衣，一如塞萨洛尼基出土的金丝织物。我们常常忽略的一点是：古罗马人同样掌握着高超的纺织技术。只是他们不会养蚕，生产不出蚕丝；没有蚕丝，就无从制作出比棉纱更为轻透的丝纱。换言之，他们最钟爱的衣服，是像湖南长沙马王堆一号墓所出素纱襌（dān）衣那样的丝纱衣。古罗马的贵族与富人在购得东方的丝绸后，并不会直接制成衣服穿在身上，而是把丝绸送往当地的纺织作坊。作坊里的纺织工会先将丝绸拆成蚕丝线，再洗掉丝线的颜色，用无色的蚕丝纺织成轻薄的纱衣，最后为制成的纱衣染上新色。古罗马人为什么要洗掉丝线原本的颜色，是为了方便自由创作吗？其实是因为古罗马人普遍钟爱紫色，但中国很少将丝绸染成紫色，他们只能给中国丝绸先"褪色"，而后再行生产。

当然，对西方人而言，丝绸可不只有做成衣服这一个用途。英国学者撰写的《中世纪文化的创伤与修复》曾提及一个观点：中世纪时，以蒙古人为代表的游牧民族会在战甲内侧垫上丝绸，以此抵御箭矢。因为丝绸质地密实，极富韧性。在穿着丝绸的情况下，当被来自较远距离的箭射中时，箭镞往往无法直接穿透丝绸，而是带着它一并穿入体内。如此，在拔出箭镞时，丝绸会被一同带出，这样便能减缓箭镞的冲击力，使伤口更加容易愈合。可惜的是，历史研究和模拟实验都证明该说法是不成立的，因为丝绸完全无法抵挡锐器的切割。冷兵器时代"丝绸战甲"的作用，大抵只能减轻士兵受伤时的心理痛苦。据说，游牧民族用丝绸护体的习惯是受古罗马士兵的影响而形成的，或许早在罗马帝国时期，丝绸就已经应用于军事领域，但具体情况就不得而知了。

华贵柔顺的丝绸借由以它为名的道路，将中国独具特色的纺织品与纺织技术传向世界各地，并在其后千百年间深刻地影响了西亚乃至欧洲各国的织造工艺、审美取向甚至社会发展。同时，随着各地交流的不断加深，西方的织造风格和编织图案又反过来影响了中国本土丝织品的生产与设计。可见，丝绸不仅带动了亚欧之间经济贸易的繁荣兴旺，更促进了不同文化间的取长补短与交流融合，说它是"传奇"，可谓实至名归。

丝绸是丝绸之路的代表，却绝非全部，与丝绸之路有关的传奇故事更是车载斗量。你可知，汉代的成都平原已有"胡人骑手"四处奔忙？巍巍大唐的诞生密码竟能藏在一块砖头里？而马可·波罗也曾冠名过中国瓷器？中国最早的剧本什么样子？"一代女皇"武则天的真容要到何方寻觅？巧夺天工的物质文化、妙趣横生的历史典故、治乱兴衰的王朝密码……都藏在文物背后的传奇故事里，等待着您的阅读和发掘。

"凡是过去，皆为序章。"那就让我们以此章为序，一页一页地向前触摸古今丝绸之路的脉络，感受民族的力量、历史的温度，还有中国与世界紧密相连的每时每刻。

丝路流光：
丝绸之路上的文物传奇

汉唐风流在

天府之国的胡骑

——双骑画像砖

你在儿时是否玩过橡皮泥？如果我们用塑料刀在柔软的橡皮泥上留下痕迹，在风干变硬后，这些痕迹便会被清晰地保留下来——所有用泥土制成的物品在最初都遵循这个原理。后来，人们充分利用火焰带来的高温，赋予了泥土形态各异的永久造型。土与火的交融是一个原点，原点之上，陶、瓷、砖、瓦相继诞生，极大地丰富了人类的物质生活。

在它们之中，砖或许是与建筑工业的关系最为密切的材料，我们习惯将所有土坯烧成的建筑材料称作"砖头"，它被用来砌墙、铺地，建成平地高楼、万间广厦。我们很难想象，没有了砖头的建筑史要如何书写。

然而，砖只能是建材吗？

在纯粹物质的建筑学范畴之外，它同样能够成为一门艺术、一种文化。让我们回归"砖"诞生的起点——泥土。尚且湿软的泥土可以被塑造成任何形状，最常见的是方形。此时，只要拥有比软土硬度更高的工具（陶拍、硬木或是金属锐器），湿润的土坯就会形成"一张洁白的画纸"，富有创造力的匠人们便能在土坯表面绘制出任何想要的图案。土坯烧制定型，这些图案艺术就会被永久地固定下来，留传后世。今天，研究者把这种带有图像的砖头统称为"画像砖"。

我们很难断定世界上的第一块画像砖诞生于何时，兴许它只是某个工匠突发奇想的产物。但作为一种装饰性建材，它在战国晚期至宋元近1500年的时间里风靡中华大地，尤以两汉时期最为兴盛，成为汉画艺术的杰出代表。

有汉一代，画像砖被广泛地用于墓室壁画和宫室殿宇等重要建筑，一般采用浮雕或线条刻画的形式，部分画像砖还会被施以色彩，形如丝帛画作。大多数的画像砖都是一块砖一个画面，也有小部分是将一块砖分为上下两个画面，还有在砖墙上绘制相对大的画面。在中国绘画艺术发展的早期阶段，分割画面意味着绘画题材的改变与切换。

如果从艺术批评的严苛视角，绝大多数画像砖都谈不上"好看"二字。但是，它们最大的价值并不在艺术形式的"好看"上，而在其画面内容的丰富上。汉代画像砖所呈现的内容不仅极具写实性，还几乎包罗当时社会的方方面面：有的以播种、收割、舂米、酿造、取盐、植桑和放牧来表现劳动生产，有的以田猎、宴乐、杂技和舞蹈来描绘文化风俗，有的以车马和楼阁来表现社会上层的生活，还有的以西王母、月宫、蟾蜍、玉兔和摇钱树等形象寄托着祈求飞升成仙和长生不老的精神信仰。一言以蔽之，画像砖不仅是美术作品，更是见证汉代社会面貌的绝佳实物资料。

不过，并不是每个地区都盛产画像砖，这多半和当地的风俗习惯有关。东汉时期，盛产画像砖的地域主要有以洛阳为中心的司隶（今冀南、豫北、晋南及关中地区）（图1）和以成都为中心的益州（今川渝云贵大部）（图2）。其中，成都地区墓葬内出土的画像砖最具特色，它们被整齐地按一定间距镶嵌在砖室墓内部的壁面上，规格均约为宽50厘米、高40厘米的长方形，往往一砖一画，图像内容多表现当地人文风俗。接下来要提到的，正是现藏于四川博物院的一块画像砖。

1978年，位于四川省成都市新都区马家乡的一处墓葬内出土了一块画像砖。整块砖由提前做好的画模压制而成，宽41.2厘米，高33.5厘米，整体呈长方形。它的画面十分简单——两匹彩头束尾的骏马四蹄飞奔、张口嘶鸣，各驮着一个高鼻深目的骑手；两名骑手留着挺翘蓬张的胡须，头戴宽沿尖帽，腰佩箭囊，右手执辔（pèi），左手握着迎风招展的旌旗。整幅画简洁地描绘出了骑手们向前疾驰的趋势，颇富动感。学者们根据画面的内容和墓葬的年代，将这块砖命名为"东汉双骑画像砖"（图3）。

直观的文物定名并未揭示小小方砖背后的信息。我们首先好奇，画像中的两名骑手是什么身份，又为什么以这样的形象出现在这幅画面中？

从题材上看，这

图1　东汉益州刺史部北部地图示意图

图2　东汉司隶校尉部地图分布示意图

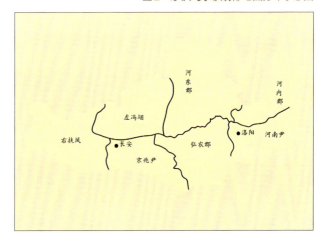

图3 东汉双骑画像砖拓片

年　代：东汉晚期（2世纪末至3世纪初）
类　别：可移动文物·砖石文物
藏　地：四川博物院

块画像砖的内容无疑该被视作为经典的"车马出行图"，而它仅仅是这座墓葬壁面砖画中的某一块"拼图"。尽管我们已无法探知整座墓葬的全貌，却依旧能根据这块砖左右两侧残缺的拼接口断定，它处于整面砖画的中间部分。我们再看两名骑手拿着的幢麾，即旌旗，常被用作军队高层的指示物，在汉代则是中高层官员出行的仪仗标志之一。说到这里，答案已经呼之欲出，但我们还需要进一步了解汉代官员出行的制度。《后汉书·舆服志》记载，县令以上的官员出行，其车马队列的最前方要有导车，起引导开道的作用；导车之后随行仪仗骑吏，执旌簇拥，彰显官威，骑吏之后才是官员乘坐的主车。

　　由此，我们能够得出结论，这块画像砖中的两名骑手正是官员车马队列中的"仪仗骑吏"，整幅砖画最初描绘的多半是身为官员的墓主人生前出行的图景。因为要原真地复刻当时的画面，所以工匠们便定格了车马出行的动态画面，将它生动地复刻了下来。

　　虽然现在很多人习惯以"官吏"代指所有官员，但在古代汉语的中，"官"和"吏"却是截然不同的存在。简而言之，"官"是我们通常认知的有一定地位和等级的管理者，"吏"则是底层公职人员，有点像现在的基层公务辅助人员。画像砖中的两名骑吏，自然也属于后者。不仅如此，两个骑吏种种外部特征无不表明他们绝非汉人，而是传统意义上的"胡人"。一旦确定了这样的身份，更引人注目的问题旋即浮出水面——身为胡人的他们，为何会担任车马仪仗的骑手，并被最终刻印在成都平原出产的画像砖上？

2021年第七次全国人口普查数据显示，成都市的少数民族人口占比为1.86%，该指标远低于同期全国的8.89%和四川省的6.8%.毫无疑问，如今的成都是典型的汉民族聚居区。往前追溯，汉代的蜀郡是否长期居住着大量少数民族？结合秦汉以降的历史文献和实物资料来看，这也是不现实的。问题的探讨在此似乎走进了死胡同，看来画像砖上的两位胡人小哥并不是本地就业，而是外来的"打工仔"。那么，我们只能把目光延伸到成都以外的地区了。

如果将今天四川省的地形图全部展开（图4），首先映入眼帘的便是极其分明的高低落差：以邛崃山脉为界，西部是群峰连绵的川西高原，东部是低矮平坦的四川盆地。四川盆地的地势相对低洼，又因有大巴山、大娄山和云贵高原等地理单元

图4　四川省地形图

环绕四周，故而成为汉王朝所辖益州刺史部的核心区域。盆地西部有一处由岷江等河流沉积而成的平原，历经战国以来数百年的精心治理，水旱从人，不知饥馑，享有"天府"之誉。人们聚集在此，维护水利，日夜耕织，逐渐建起成都这座物阜民丰的西南雄镇——它既是千百年来中原王朝经略西南的中心，也是古代农业文明所能实际掌控的地理极限。

事实却不止于此。我们总会习惯性地将"盆地"与"闭塞"联系起来，那一句"蜀道之难，难于上青天"仿佛成了最好的注脚。然而，我们大概远远低估了先民们开山拓土的能力。

自成都江桥门出，沿岷江南下，经僰（bó）道（今四川省宜宾市）、朱提（今云南省昭通市）可达滇池，再西行，即到下关（今云南省大理市），行程艰险，沿途道路多依山开凿，仅宽尺（秦尺，约23.1厘米），故称"五尺道"。此后，翻越博南山，横渡澜沧江，就到了西南边陲的永昌郡（今云南省保山市），再向西渡过怒江，便能到达高黎贡山的东麓，这里是汉王朝的西南边境，"永昌道"至此结束。翻过高黎贡山，经过滇越属地，取道掸国（今缅甸北部），一路向西，最终抵达的国度叫"身毒"（yuāndú，今北印度）。这条从成都直通印度的道路，史学家称为"蜀身毒道"（图5），它在汉武帝时期正式开通。在此之前，历经千辛万苦"凿空"西域的张骞，已经在身毒西北部的大夏（今阿富汗北部）惊奇地见到了来自蜀地的布匹和竹杖，丝绸之路沿线国际贸易的兴盛可见一斑。蜀地与西南诸部沟通的道路当然不止这一条，其贸易的大宗商品也在其后不久的时间里新增了"茶叶"一项，后世"茶马古道"的源头大抵在此。

相比自四川盆地南下的道路，在《楚汉传奇》和《三国演义》等诸多历史题材影视作品的加持下，北上出川的要道早已家喻户晓。东汉时期，就有金牛道、子午道、祁山道、陈仓道和褒斜道五条道路，条条通汉中，再翻越秦岭，北可到关中，西可达

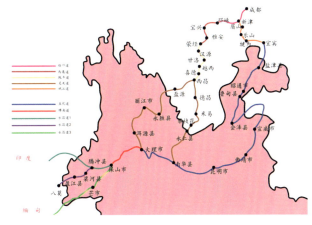

图5　蜀身毒道路线示意图

陇右。正因如此，控制了汉中盆地的蜀汉得以北拒曹魏40年，一出祁山的诸葛亮也能够依托汉中进取陇西，招降"天水幼麟"姜维来继承遗志。实际上，先前问题的答案也正藏在这些连接川蜀与关陇的交通道路之中。

当我们再度端详这块画像砖上的胡人形象时，不难概括出三个显著特点，即高鼻梁、深眼眶和尖顶冠帽，这些特征并不属于蜀地以南的"西南夷"，而大概属于甘青乃至西域地区的游牧民族，其中与蜀地距离最为接近的，当是聚居在今甘肃省黄河和陇山之间以畜牧为生的羌人，又叫"西羌"。当然，我们无法仅凭几个简单的外貌特征断定两名骑吏的具体族属，毕竟"胡人"的概念实在太过宽泛。但他们的存在却有力地证明，至迟在东汉时期，外貌特征鲜明的西北少数民族已经进入成都平原，并在当地产生了一定的影响力。无论这块双骑画像砖上的内容是否确有其事，它至少说明，胡人善于骑乘和高鼻深目的形象在当时的成都地区早已深入人心，甚至有胡人供职于益州官员出行时的车马仪仗队，否则也不会作为一种日常图像被留存于画像砖之上。

知识小卡片·南方丝绸之路

　　南方丝绸之路，亦称"西南丝绸之路"，泛指历史上不同时期四川、云南、西藏等中国南方地区对外连接的通道，是一条纵贯中国西南地区，连接缅甸、印度，通往东南亚、西亚乃至欧洲各国的古老国际通道，它和西北丝绸之路、海上丝绸之路同为中国古代对外交通贸易和文化交流的主要通路，包括历史上有名的蜀身毒道和茶马古道。其中，从四川成都经云南至缅甸、印度并进一步通往中亚、西亚和欧洲地中海地区的蜀身毒道，是史载最早的中西交通线路，也是负有盛名的"南方丝绸之路"的西线。从交通路线上看，今天的四川省同时与西北丝绸之路和南方丝绸之路相连，是丝绸之路贸易中的重要环节。

　　蜀道虽难，天府之国却从未闭塞，民族交流与融合的步伐亦未曾停息。304年，随着众多游牧民族趁西晋王朝国力衰弱时内迁，氐族领袖李雄占领成都，控制蜀地，两年后称帝，国号"大成"，史称"成汉"，位列十六国之一。43年后，这个统治着川蜀大地的少数民族政权为东晋权臣桓温攻灭。349年，成汉残余势力被消灭，流寓江左的东晋王朝终于将蜀地彻底纳入版图之中。成汉虽亡，随李雄入蜀的无数氐（dī）人却在当地扎根，熟练掌握农耕技术，并最终成为"蜀人"的一部分。

　　朝代更迭，人世沧桑。或许，早在1000多年前，这对驰骋于天府之国的胡骑就已经为沃野之上的各族儿女写下了答案：和合共生，交相辉映。

大唐从哪儿来？

——含嘉仓刻铭砖

"民以食为天"，是大家耳熟能详的谚语，让黎民百姓"吃饱肚子"自古以来就是国家的头等大事。你或许曾听说过一个名叫"国家粮食和物资储备局"的单位，它是由中国国家发展和改革委员会直接管理的副部级国家局，中国国内的粮油仓储单位几乎都接受它的管理。简单点说，它守着中国的"粮仓"，护着百姓的"饭碗"。

然而，我们似乎过于习惯"仓库""粮仓"之类建筑物的存在，以至于很少去想它们产生的原因——为什么要有粮仓？归根结底在于农业的出现。有了农业，人们便会收获一定数量的粮食。在粮食丰收的年份，粮食剩得多了，自然就需要找个地方保存起来，以备不时之需。因为农业生产要"靠天吃饭"，有丰就有歉，若是丰收时不记得存粮，歉收时就要忍饥挨饿，储藏技术就是这样应运而生的。于是，人们修建起深不见底的大圆仓，努力将温度、湿度等会影响粮食保存时间的因素控制在最安全的范围内，再往里面满满当当装上各种粮食——"粮仓"诞生了。说到底，粮食储藏是农业栽培的继续，即使在种植技术高度发达和农业机械化水平高度提升的今天，粮食产量也不可避免地要面临多方面的挑战，因此，粮食储备依旧是国家层面的要紧事。

不只是现在，历史上的中国，几乎每朝每代都注重粮食的积藏与储存，譬如大唐盛世。只不过，今天要聊的主角并不是天俾（bǐ）万国

图1　含嘉仓铭刻砖（19号窖）拓片

年　代：武周长寿年间（692~694年）
类　别：可移动文物·砖石文物
藏　地：隋唐大运河文化博物馆

的巍巍大唐，而是一方小小的刻铭砖，它不仅是唐代粮仓的"身份证"，还蕴含着大唐诞生的原始密码。

为什么要这么说？我们不妨先打量打量这块满是文字的方砖，它发现于洛阳唐代国家粮仓"含嘉仓遗址"的第19号粮窖底部。当时，19号粮窖一共出土了四方刻铭砖，它是保存最为完好的一块（图1）。

若我们端详砖上正面阴刻的铭文，不难从中摘录出这样的一段话：

　　含嘉仓

　　仓中门东西大街北，南北竖街东，从西向东数窖，从南向北数行，第（第）八行第（第）三窖。合纳邢州长寿元年租，小□七千五百石九斗八升，耗在内。长寿二年三月廿四日纳了。

　　将它翻译成白话文，是："在含嘉仓中门东西向大街的北部、南北向竖街的东部，从西向东数仓窖的序号，从南向北数仓窖所在的行，定位在第八行的第三个仓窖中。该仓窖收纳了长寿元年来自邢州地区的租税，连同损耗在内共计七千五百石九斗八升。长寿二年（693年）三月二十四日清点完毕。"

由此可知，开头的"含嘉仓"三个字旨在标明粮仓的仓名，毕竟唐代的国家粮仓并不是只有含嘉仓一个。之后的几句话是在说明这批粮食具体存放的位置，因为含嘉仓内又建有许许多多的"窖"，这些窖才是真正储存粮食的地方。铭文指示粮窖位置的方法相当有趣，有点像今天数学中常用的"四象限法"。看来，"第八行第三窖"应该位于含嘉仓仓储区的第一象限上。

这座粮窖里存放的物资叫"租"，自然不是我们今天所理解的以货币支付的租金，而是一种实物税，它与唐朝初年租庸调制密切相关。租庸调制是通行于初唐至中唐时期的赋税制度，所谓"有田则有租，有身则有庸，有户则有调"。简而言之，种田的农民被要求每年缴纳一定数量的粮食，称作"租"；百姓在耕种之余，每年要为朝廷义务地服一段时间的徭役，称作"庸"。但服徭役的时间总会撞上农忙时节，百姓可以用对应价值的财物折抵服役的时长，用以折抵的物品往往是绢等织品。"调"则以户为单位，也就是每一户人家每年要额外缴纳缯、纩、布、麻等本地特产的织物。所以，铭文中的"租"其实是粮食。那粮窖里放了什么粮食呢？由于"小"后面的一个字已经漫漶不清，所以无法断定窖藏粮食的具体种类。但我们并非毫无头绪，从后面的文字来看，这批粮食来自邢州，邢州相当于今天河北省中南部的邢台市，也是唐代著名白瓷窑场邢窑的所在地。除了白瓷，小米也是邢台的著名特产，其中的南和金米更是在唐代就已成为贡品，如今亦名列"中国农产品地理标志"。小米就是"春种一粒粟"里的"粟"，有时候也被称作粟米，是禾本科草本植物粟的种子。这么看，或许这座粮窖里储存的粮食就是"粟"吧！

这批粮食又是什么时候运来的呢？"邢州"后面的"长寿元年"已经给出了答案，"长寿"是武则天即位后使用的第三个年号，一共只用了3年，"元年"即692年。这一年，河北道的邢州运来了七千五百石九斗八升的粮食，这是连同损耗算在内的数字——在运粮的过程中，粮食多少都会因种种不可抗力损失一些。七千五百石九斗八升是多少呢？根据学者的推算，唐代的一升相当于0.5944公升，十升是一斗，十斗是一石，算下来，邢州共运来了750098升粮食，折合今制约为445858公升。一公升大米大概重1.5斤（750克），若换成小米，多半也在1.5斤左右。换言之，长寿元年时，邢州往含嘉仓运了将近502吨粮食！直到次年三月，含嘉仓的管理人员才将这么多粮食清点入窖。

说了这么多，我们终于弄明白了砖铭的内容。但是，唐代的粮仓管理者为何要在仓窖底部留下一方刻铭砖呢？我们都知道，古时候的国家粮仓又有"太仓"的别称，在唐代，这些国家粮仓基本都归司农寺下的太仓署管辖。当时规定："凡凿窖置屋，皆铭砖为庾斛之数，与其年月日，受领粟官吏姓名。又立牌如其铭。"意思就是，但凡有开凿仓窖、建设官仓储粮等事务，都需要准备一式两份的记录，记录内容包括储粮的数量、储备时间和经办官员的姓名，一份铭刻成砖，藏于仓窖内；另一份录于牌上，交有司留存。如此就不难理解了，刻印铭文砖是唐代官仓的基本管理制度之一。包含诸多信息的铭文砖既能明确储粮的责任主体，也便于后续的追踪管理。可惜，我们看到的这方铭文砖并没有表明受领官吏的姓名，兴许是刻印者一时糊涂，忘了加上名字？实际上，一座粮窖内应当只存在一方铭文砖，而第19号粮窖却出土了四方，且每一方表明的粮窖位置都不相同——显然，它们当中至少有三方是从别处"混入其中"的。

为什么会发生这种事？这还得从含嘉仓本身说起。考古发掘和文献记载表明，含嘉仓始建于隋炀帝大业年间的隋朝都城——洛阳城的中部北端，也就是今天河南省洛阳市老城区的北部。不过，终隋一朝，含嘉仓都不是显眼的存在，甚至可能只是一个于洛阳城内存放粮食的大型据点。因为当时的"天下第一粮仓"是建在洛阳城外的回洛仓，此外还有洛口仓（兴洛仓）、常平仓和黎阳仓等围绕大运河与洛阳城兴建的大小粮仓，它们共同构成了维持隋王朝"心脏"运转的重要设施（图2）。只是，好大喜功的杨广忽视了粮仓建于城外的致命缺陷——一旦战争爆发，敌军率先占领城外的粮仓，朝廷积累的粮食将拱手让人，洛阳城内则无粮可食。

事情果真如许多人担忧的那般应验。炀帝末年，天下大乱，群雄割据，各大粮仓成为群雄争夺的目标，瓦岗军首领李密率军接连攻占洛口仓、回洛仓和黎阳仓，一时声威大震，隋都洛阳因无粮而一度陷入绝境。这次教训，为不远将来的大唐皇帝敲响了警钟。经历过隋末战乱的李世民深刻意识到将粮仓建在城外的弊端，为避免重蹈炀帝的覆辙，决心在洛阳城内营建粮仓，以保障特殊情况下城内的粮食供

图2　隋代大运河与沿线粮仓分布示意图

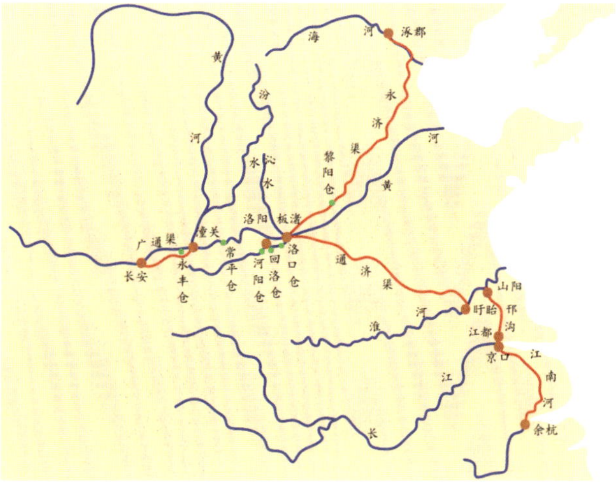

应。他第一时间便关注到了洛阳宫城东北部的含嘉仓，这座原本无人问津的小仓，终于迎来了自己命运的转折。

　　经过李世民精心规划重建的含嘉仓，与其说是粮仓，毋宁说是一座守备坚固的城池，唐人也习惯性地将它称作"含嘉仓城"（图3）。若鸟瞰此城，我们会发现它是一处略呈纵长方形的封闭空间。考古发掘表明，含嘉仓城东西长约612米，南北宽约710米，总面积约为43万平方米，相当于60个标准足球场的大小。仓城四面均有城墙，东西南北各开一门，城内被"十字形"的大街划分为四块区域，还有一条泄城渠由南向北地自仓城东墙外侧流出。整座含嘉仓城的布局相当清晰。依功能而分，东北和东南两区是构成仓城主体的"仓窖区"，鼎盛时有400余座大小不一的圆形粮窖，每窖可储纳数千至一万石不等的粮食。有一则唐天宝八

图3　隋唐洛阳城含嘉仓遗址

年（749年）的记录曾言，当时含嘉仓城的储粮量达26万吨，该数字几乎接近当年唐王朝全国粮食储备量的一半。仓城的西北部是场区，是专门"打场"的地方，官仓的管理人员要在此量覆、扬掷和堆晒谷物；东南部则是纳粮区，这里是整座含嘉仓城地势最低的地方，靠近水渠，建有一座漕运码头，其他地区运来的租粮需由此进入含嘉仓。

含嘉仓粮窖几乎都是口大底小的圆缸形结构，粮窖数量则随着储粮量的增加而不断增筑。神奇的是，考古人员在发掘含嘉仓遗址时，于160号窖内发现了一窖保存完整的粮食。这窖粮食在重见天日时仍粒粒分明，有的呈棕色，有的发黄，即使历经千年，仍有52%的粮食颗粒是有机物，其中于木板缝隙内发现的谷子颗粒更是在取出第二日发了芽，可见唐代粮食储存技术的发达。

其实，含嘉仓自建设之初就已尽数体现唐人的巧思。在选址上，含嘉仓城坐落于洛阳城内地势高且土质干燥的地方，这种地方水位低、湿度小，即使遭遇雨水天气，囤积的谷物也不会受到侵蚀，且含嘉仓距离地下水位较远，如此便能更好地保护粮食。更重要的是，含嘉仓内粮窖的结构也设计得十分科学。据史料记载，当时人们将粮窖挖好后，会先用大火烘干四周的土层，使土层板结干燥，不易二度进水潮湿，继而在窖底铺上极其吸水的草木灰，灰上再铺木板，木板之上再铺席子，席上垫谷糠，之后再铺席子，层层防潮。在储存粮食时，工匠们还会采用"席子夹糠"法，即在两层草席间夹一层谷糠作为分隔层，这样一来，被分成多层的粮食既防止了稻谷堆积产生热量导致粮食变质，也不会因一粒米的霉变而导致整仓粮食毁坏。在仓窖离地面半米处的地方，人们同样用"席子夹糠"法盖住粮食，然后填上封土。数道工序下来，一座含嘉仓的粮窖才算完工。此外，在粮食被封存后，工人们还会于封土周边种植各类小树，这是一种监测手段——如果粮食发热、发芽或腐烂，小树就会枯黄，管理人员就能及时发现。

回到文物本身，我们再次想起刚刚遗留的问题，在"一窖一砖"的前提下，为何19号粮窖内同时存在着四方不同的刻铭砖？这就要从唐代的漕运制度说起了。所谓漕运，指的是利用水道（河道或海道）调运粮食的专业运输方式，以这种方式运输的粮食被称作"漕粮"。几乎历代封建王朝都需要通过漕运将征收的部分粮食运往京城或其他指定地点，其目的在于为宫廷消费、百官俸禄、军饷支付和民食调剂提供保障。因此，漕运是中国古代极其重要的经济措施，其稳定与否关乎着王朝的安危。

李唐王朝在立国之初，即以长安（今西安市）为都城，后又以洛阳（今洛阳市）为东都，长安便又多了"西京"的别称。在确立洛阳的陪都地位后，唐王朝进一步规定，崤（xiáo）函以东地区所征租米中朝廷需要的部分，当先运抵洛阳含嘉仓，再由含嘉仓转运至长安。从考古发掘成果来看，含嘉仓储粮的来源涵盖江淮、江南和河北等诸多地区，可见唐代漕运的规模之大。我们已经知道，唐代实行了全国统一的储粮登记制度，这意味着除含嘉仓外，其余各地的官仓无论大小，每窖都应有一方记录储粮信息的刻铭砖。正因如此，在实际运粮的过程中，不起眼的铭文砖很容易随着满窖的粮食一道被"打包上船"，即使是在同一粮仓内，不同粮窖间粮食的调动也经常会将铭文砖裹挟其中。这下，问题的答案终于揭晓了，含嘉仓19号窖内的四方刻铭砖，至少有三方是随着粮食运送而从其他粮窖"偷渡"过来的"不速之客"。尽管它们的存在可以被视为唐代粮食储备工作中的"失误"，但也从侧面为我们展现了当年含嘉仓"淮海漕运，日夕流衍"的繁盛景象。

在原有问题得到了解答的同时，好奇心驱使着我们追问出一个触及本质的问题——为什么是洛阳？隋代的回洛仓也好，唐代的含嘉仓也罢，为何都要建在洛阳？解开谜题的钥匙就藏在"粮食危机"四个字中。看到这里，你是否有些震惊，昌盛繁华的隋唐时代，何以与"粮食危机"搭上关系？这还得从隋文帝杨坚定都大兴城（即唐长安城）说起。大兴（长安）所在的关中平原，曾是号称"沃野千里"的四塞之地，又是陆上丝绸之路从中亚延伸至东亚的桥头堡，易守难攻，堪称建都佳地。然而，由于秦汉以来的过度开发和魏晋南北朝时期的频繁战乱，到隋朝初年，汉代的旧长安早已是"水皆咸卤，不甚宜人"的凋残之态，这使得杨坚不得不在汉长安城的东南面营建新都，待到李渊父子入主，又基本沿用大兴城的规制，改其名为"长安"，一个以长安城为中心的煌煌盛世就此开启。

盛世之下，却掩藏着危险的暗流。后世的史学家意识到，与其说是当时的关中地区仍适合营造都城，倒不如说是历史惯性导致由关陇贵族创立的隋唐王朝依然选择固守关中——资源耗尽的八百里秦川，在唐代时的灌溉农田面积尚不及西汉鼎盛时期的五分之一，所生产的粮食光是养活本地百姓都很勉强，早已无力供养都城所吸引的大量外来人口。因此，建都带来的粮食匮乏问题是完全可以预见的，"缺粮"几乎成为悬在隋唐两代帝王头顶上的达摩克利斯之剑。

既然关中缺粮，那从外面运粮进来不就行了？可我们不能忽视关中平原的地理位置，险峻的地形既是它的优势，也是阻碍它与外界交往的劣势。长安往南是连绵不绝的秦岭，难于上青天的蜀道断绝了四川盆地的粮食大批北上的可能。于是，长安人把希望寄托在了东边——粮丰路坦的"山东地区"，也就是崤山、函谷关以东的广大地域。

从东向西运粮是可行的，但同样十分困难，因为崤山山脉难以翻越，所以山东地区的粮食会走水路运向长安，这些粮食在西运前往往先被集中在以含嘉仓为中心的洛阳诸粮仓内。从地图上看，长安与洛阳的直线距离并不远，可两城之间隔着一道黄河"鬼门关"——三门峡，它在唐代的正式行政称谓是"陕州"。当时，三门峡存在多个岛屿及半岛状礁石，它们将整个水道切割为三股急流，船只经过时极易触礁倾覆。因此，从水路运往长安的粮食，到达三门峡一带时，要么转走陆路，要么就得冒着巨大的风险穿过。但无论选择哪一种方式，耗费的人力、物力和财力都是巨大的，真正能运抵长安的粮食数量亦相当有限，平时供给倒还说得过去，可一旦逢上灾年饥荒，运来的粮食根本无法养活渭水盆地数量庞大的人口。

于是，另一种不是办法的办法出现了：皇帝率领百官东出潼关，浩浩荡荡地去洛阳办公生活，直到粮食危机解除再回长安。这一方面是为了保证皇室与百官的饮食，另一方面也是避免官员与民争粮，将关中地区有限的粮食留给百姓。它还有个雅称，叫"幸洛就食"。奔赴洛阳"乞食"的先河由隋文帝于开皇四年（584年）开启，此后，除隋炀帝和武则天长期驻跸洛阳外，唐高宗、中宗和玄宗都曾数次赴洛，"逐粮天子"的戏谑称谓由此产生。直至唐玄宗开元二十一年（733年），时任宰相的裴耀卿提出转般法，转漕输粟，水陆联运，用3年时间向长安运送了700万石粮食，这才稍稍缓解了长安的粮食危机。22年后，安禄山和史思明起兵反唐，一路攻城略地，若非裴耀卿改良漕运而带来的粮食储备，长安社稷恐怕要在战火中沦为丘墟。

安史之乱平定后，由于藩镇割据，长安的粮食供应更加危险。唐德宗李适即位后，甚至出现了因缺粮而险些导致禁军哗变的情况，当听闻江南的3万斛漕粮已运抵陕州时，身为堂堂天子的李适，竟激动地抱着太子大喊道："米已至陕，吾父子得生矣！"

李适的话在冥冥之中成为长安的绝响，唐朝灭亡后，西安再也没有成为任何王朝的建都之地。在经济优先的战略下，交通便利逐渐成为其后历代王朝在择都时首先考虑的因素，大运河沿线的城市开始登上历史舞台。

提起"运河边的城市"，我们的脑海里肯定会闪现出许多答案：开封、北京、淮安、扬州、苏州……不过，第一个因为大运河而兴盛的城市，一定是洛阳。洛阳的繁盛得益于大运河，含嘉仓也因大运河而得以开展大规模的储粮工作，并成为有唐一代全国最大的粮仓。2014年6月22日，在卡塔尔多哈召开的联合国教科文组织第38届世界遗产委员会会议，"大运河"（图4）申报成功，其中含嘉仓遗址便是沿线遗产点之一。

图4　大运河线路变迁图

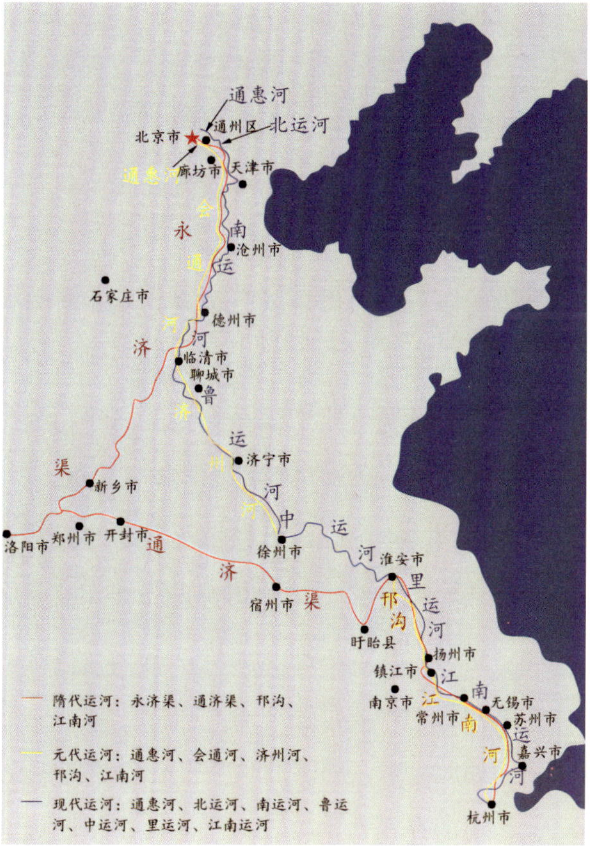

　　若我们将视野从中国放大到世界，隋朝开凿的大运河又会显现出全新的意义。

　　我们常说的"陆上丝绸之路"是通过新疆天山南路的孔道横贯于亚欧大陆东西之间的交通大动脉，而长安是控扼从西方延伸而来的交通路线进入中国东部大平原的关口。换言之，长安是对西方贸易的陆港，中国的特色商品首先积聚在这里，然后卖到西方商人的手中，同时，外国进口的商品也需在这里卸货，再转卖到全国各地。这条横断亚洲大陆的交通路线并不止于关中，而是从长安伸向更远的东方，经过洛阳，沿黄河出渤海湾，沿中国东北和朝鲜海岸，最终到达日本的九州北岸。

　　"海上丝绸之路"又是怎样的光景呢？中国沿海的航路，按理说可以通往任何地方，但实际上由于长江口以北的沿海地带缺乏良港，海岸离陆地上的聚落又相对较远，故而航海的风险极大。长江以南的浙闽沿海地区虽拥有曲折的海岸线和许多深水良港，但唐代以前中国大规模的海上交通仍是以广东为起点的南海航路。从广东出发，通过转口贸易，商品可一直抵达底格里斯河和幼发拉底河，溯两河而上，就能与陆上丝绸之路干线在叙利亚的阿勒颇交会。此地西邻地中海，从海岸的任何一个地方都可以出航至欧洲。

　　说到这里，或许已经触及问题的关键——在开凿大运河之前，南北海陆丝绸之路在中国仿佛两条难以交汇的"平行线"，无法做到沟通、畅通。在大运河开通后，从长安出发的船只可以先沿黄河抵达洛阳和开封，再通过运河直达杭州，最后沿浙闽海岸南下，轻松到达广州。如此一来，中国的政治中心与经济中心就被紧密地连接在了一起。大运河的存在，不仅长久维系着中华民族的统一，还使中国从此成为世界交通循环路线中不可或缺的一环，在世界文明史上产生了极为深远的影响（图5）。

图5　大运河与丝绸之路构成的交通循环路线示意图

被称作"暴君"的、急功近利的隋炀帝，因为开凿大运河等一系列耗费民力的工程，将隋朝带入了亡国的深渊，没能看见大运河对后世的恩惠。得益于大运河，唐代江南诸州的钱粮赋税得以源源不断地输入长安，维持国家的运转，以致步入中晚期的大唐呈现出"辇（niǎn）越而衣，漕吴而食"的历史局面。阿拉伯和波斯的商人的落脚点也不再拘泥于长安或广州，他们开始去往黄河与运河交汇的洛阳、长江与运河交汇的扬州从事商贸活动，建立起了人烟稠密的聚居区，为绚烂的大唐增添了无数异域华彩。

晚唐诗人皮日休的《汴河铭》或许是大运河最好的注脚："在隋之民，不胜其害也；在唐之民，不胜其利也。"但是，唐人真的只是像享受遗产一样享受着隋朝大运河的遗泽吗？我们不妨再看看洛阳城里的含嘉仓遗址，看看那些为粮食和漕运殚精竭虑的大吏和财臣，还有三门峡口的门匠、运河两岸的纤夫……

我们最应该仔细看的，还是这方小小的刻铭砖。它的身上，蕴含着高超精密的储粮技术、科学化制度化的管理方式和万众一心缔造出的盛世。它是含嘉仓千万份"粮窖档案"中的一份，是唐王朝粮食安全的压

知识小卡片·欹艎支江船与上门填阙船

欹艎支江船和上门填阙船是唐代漕运中两种适用于大运河不同航道的船型。安史之乱后，唐代宗委派理财能臣刘晏治理漕运，他继承并改进了唐玄宗时裴耀卿的分段运输法，根据长江、汴河、黄河和渭河等水系的运力特点，制订了"江船不入汴，汴船不入河，河船不入渭。江南之运积扬州，汴河之运积河阴，河船之运积渭口，渭船之运入太仓"的运输方法，即在沿河地带依据河段建立粮仓，根据河段航道的不同，使用不同类型的船只进行漕运，令同类型船只仅在固定的河道内航行与运粮。其中，欹艎支江船设计成吃水较浅的船型，专门航行于扬州到河阴（今河南省荥阳市北的古汴河口）的汴河段；上门填阙船具有冲上三门峡急流航段的功能，专行于河阴至渭口的黄河段。目前，考古发掘出土的扬州施桥唐船和淮北柳孜运河4号沉船被认为是欹艎支江船的原型，上门填阙船的具体形象仍不得而知。

舱石，也是"大唐从哪儿来"的答案——足食、足兵、民有信。

中华人民共和国成立后，为打通三门峡水道，炸平了三门峡的大部分礁石。直至1961年，三门峡大坝工程竣工，豫鲁两省自此水旱从人，"黄河安澜，国泰民安"终于由古代的梦想变为如今的现实。2019年，国务院新闻办公室发布了《中国的粮食安全》白皮书，书中载明，2019年的全国粮食总产能达6.6384亿吨，中国国民食用粮食的自给率基本保持在95%以上。截至2018年，中国国内的粮食储备能够维持14亿人口食用至少两年。经过多年的耕地保护、生产发展和科技创新，中国的农业育种技术突飞猛进，农业机械化水平亦全面提升。我们依靠自身力量实现了由"吃不饱"到"吃得饱"

再到"吃得好"的历史性转变，国家粮食安全得到充分保障，14亿中华儿女的饭碗被牢牢地端在了自己手中。

如今，含嘉仓19号窖刻铭砖被珍藏于洛阳隋唐大运河文化博物馆深处，静候着南来北往的游人观赏。洛瀍交汇，国运泱泱，回望曾为"天下第一大粮仓"的含嘉仓遗址，我们不禁肃然。粮食安全是最重要的民生问题，也是国之为国的基石。古今之情本相通，无论何时，"爱惜粮食"都是烙印在中华民族骨子里的传统美德，也是我们向世界传达的"中国声音"！

来自大唐的"外交天团"
——《客使图》壁画

　　一个国家中央政府在日常工作中，不可避免地要涉及各种纷繁复杂的外交事务。今天的中国，外交工作通常由外交部负责。外交部发言人在国际舞台上表现活跃，用充满智慧的语言捍卫着国家的尊严和利益，因此赢得"外交天团"的爱称。其实，唐代的中国也有一个"外交天团"——这个团队里都有谁？每天要处理哪些工作？和今天的外交工作者又有多少共通之处？这些问题的答案，就藏在一座唐代墓葬的壁画中。

　　这座墓葬的墓主是大唐赫赫有名的章怀太子——李贤。李贤是唐高宗李治和女皇武则天的第二个儿子，他自幼长于宫中，锦衣玉食，不仅容貌俊秀、举止端庄，还引"初唐四杰"之一的大诗人王勃作为侍读，故而才思敏捷。如果翻阅南朝刘宋史学家范晔所著的《后汉书》，我们一定会在书名旁看见"李贤注"的醒目字样，这是因为李贤曾召集文官注释《后汉书》，他的注释具有极高的史学价值。文采翩然的李贤深得唐高宗喜爱，可惜，生于帝王家的李贤在长大后不可避免地卷入了"武周代唐"的政治斗争中，屡遭流废，最终于唐睿宗文明元年（684年）被逼自尽，年仅29岁。

　　或许是李贤的死太过冤屈，他在以庶人之身自尽后的第二年，即被恢复雍王的宗室爵位。在"神龙政变"后的第二年（706年），唐中宗李显诏其以亲王礼陪葬乾陵。5年后的景云二年（711年），二度即位的睿宗李旦又追谥他为章怀太子。

得益于李显和李旦两位皇帝对兄长的追思，李贤的身后事极尽哀荣，他生前享受与期盼的事物被尽数复刻于永眠的墓穴（章怀太子墓）中（图1）。作为乾陵重要的陪葬墓，章怀太子墓位于乾陵东南约3公里处的高地上，墓葬经历数次盗掘，随葬文物已损失大半。所幸，唐代的王公贵族们普遍喜欢在墓室入口的道路两侧满墙绘制壁画，章怀太子墓也不例外，墓内依旧保存着50多幅题材各异的壁画，生动地反映了唐代的政治制度与社会生活。今天要讲述的，便是其中两幅名为《客使图》的壁画，它们分居于墓道的东西两侧，无声地再现着初唐时期的外交盛况。

唐高宗李治在位期间，秉承太宗李世民的贞观遗风，修文立武，开创了"永徽之治"。唐王朝周边的友邦蕃国仰慕唐风，皆遣使入朝——这些外国使节被统称为"客使"。朝廷将他们的来访视作外交大事，曾为太子的李贤，自然亲历过不少客使来朝的盛大场面。《客使图》某种程度上就是根据他的经历所创作的"复原实景"。

唐人以东方代表春天和新生，故将太子的居所称作"东宫"。如今，面对墓道两侧的《客使图》，我们不妨追随唐制，先从东边的《客使图》（图2）共绘有6人，其中前三人是唐朝官员，另三人则是外邦人士。

图1-1　章怀太子墓外景

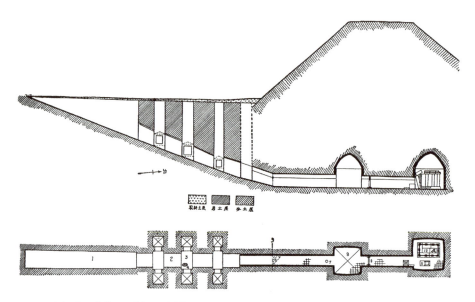

图1-2　章怀太子墓葬平、剖面示意图

唐朝官员们所着服装为适应重大场合的朝服，从大冠到鞋履，端庄郑重。外邦人士的衣着则各有特色，一位秃着大半个脑袋，身着翻领；一位戴着鸟羽冠，身着白袍；还有一位站在最后，戴着毛帽，穿着毛皮斗篷和毛裤。他们都是来自异国的使节，样貌和衣着都很奇特。不难看出，整幅壁画所绘的是唐代举行宾礼的场景。宾礼是国家重要的外交仪式，主要在招待外国使节

图2　唐章怀太子墓墓道东《客使图》

年　代：唐代早期（8世纪初）
类　别：不可移动文物·壁画
地　址：章怀太子墓（陕西省咸阳市乾陵东南约3公里处）

时执行。你是否好奇，这三位唐朝官员都是什么身份？他们接待的外邦

来宾又是何人？

　　一切还要从唐代长安东北侧的宏伟宫城——大明宫说起（图3）。

图3　唐大明宫遗址考古平面示意图

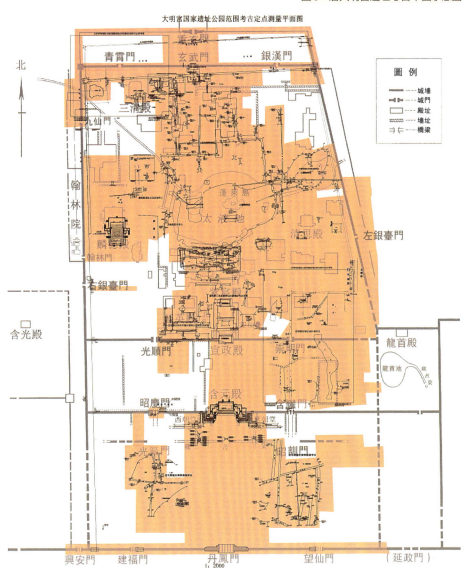

唐高宗龙朔三年（663年），大明宫建成，之后它便成为唐王朝的政治中心，外使来朝的宾礼自然也要在此进行。按照规定，客使需要在唐朝官员引导下，先进入大明宫的正门丹凤门，而后再步行至含元殿外等待皇帝的接见。唐代墓葬的壁画相当写实，反映的基本都是真实场景。壁画中唐朝官员与外国使节所处的地点，多半位于丹凤门至含元殿之间的"御街"上。唐代负责外交事务的部门是鸿胪寺，也曾有许多人认为壁画中的唐朝官员是鸿胪寺的官吏，但是，鸿胪寺主要负责外国使节的前期接待，并不引导他们参与觐见皇帝的典礼，且鸿胪寺的官员也不会穿着壁画中绘制的那种官服。从服饰形制和所处场合来看，他们其实是隶属于中书省的通事舍人。中书省是唐代的全国政务中枢，地位崇高，与门下省、尚书省、秘书省和殿中省并称为"五省"，通事舍人则是其中专管使节朝见的官员，一般常设十六人，画中的官员正是其中三位。

在明确官员们的身份后，我们需要进一步明确各位外宾的身份。前面已经说过，唐墓的壁画通常是对过往情景的复原，事实上，为避免简单复原造成的错误，我们还需要从李贤的实际经历中寻找答案。他于高宗上元二年（675年）六月册封为太子，至高宗调露二年（680年）八月被废。在他担任太子的五年间，一共有3次外使入唐的记录，分别是新罗（上元二年）、龟兹（上元二年）和黠戛斯（上元三年）的使节。新罗人位于朝鲜半岛，尚白，喜着白袍，为官者会在冠帽上插鸟羽；龟兹人来自西域，处于东西文明的交汇之处，因而他们当中的许多人有着"高鼻深目"的立体五官，又因为他们流行"断发齐顶"的习俗，故而总以短发秃顶的形象出现在世人眼前；黠戛斯人居住在唐王朝的西北边境，与今天的柯尔克孜人同根同源，他们对皮草情有独钟，其国王在冬天会戴貂帽，下属的贵族戴白毡帽，贫贱者则不戴帽，但都以兽皮为衣。由此看来，东《客使图》的三位外邦来宾从右至左分别为龟兹人、新罗人和黠戛斯人（图4）。

在揭晓了官员和客使的身份之谜后，新的疑惑又随之诞生：为什么在不同时间发生的三次外交接见要被画在同一幅壁画里？实际上，将不同种族的使臣绘于一壁，一是艺术表达的需要，利用有限的壁画空间表现更为丰富的内容，于是便杂取多个场景，合并同类项似的绘制在一起了；另一方面也是为了表达帝王胸怀天下的气魄，这么做就是为了突出太子李贤心系天下的胸怀。

让我们把目光转向墓道西侧的《客使图》（图5）。西《客使图》同样绘有6人，其中三人为唐朝官员，另外三人为异族人士。此处的唐朝官员们一身公务常服，头戴高顶幞（fú）头，

图4 唐代对外交流路线示意图

图5 唐章怀太子墓墓道西《客使图》（线摹本）

上身穿绯色大袖褶，下身着白色大口裤，脚蹬乌皮靴，远不及"正装"隆重。其中的一个官员还转身回头看向位于后方的三个异族人，整个画面显得生动有趣。在三位异族人士中，第一位有着宽圆脸与高颧骨，披发于脑后，着窄袖圆领袍，腰系革带，带下悬有一把短刀，这是突厥人常有的装束；第二位生着长脸大眼，束发于脑后，身穿圆领窄袖黑色长袍，足踏黑长靴，袖手而立，还在额部、面颊、鼻梁和下颌处涂有朱色，明显是一个吐蕃人；最后一位头戴尖顶胡帽，身着双翻领袍，很可能是来自中亚的粟特人。

乍一看，西《客使图》与东《客使图》在构图和人数方面都十分相似，可仔细看来，两者表达的却是完全不同的内容。究其原因，共有两点：第一，西《客使图》中唐朝官员都身着常服，并非东《客使图》那样的朝服，说明这不是在执行重要的宾礼；第二，三位异族人的身份也并不都是外国来使。因为，其中的突厥人和粟特人都持着只有臣子才会拥有的笏（hù）板（古代官员上朝奏事时随身携带的高级"记事贴"），这表明他们已是大唐朝廷所任命的官吏。作为一个开放包容的国家，大唐接纳外国人入朝为官并不是什么稀罕事。初唐以后，许多归附的突厥人都在唐廷为官，而丝绸之路上的粟特人因为善于经商、见多识广，也在朝廷里如鱼得水。

由于宾礼只能由皇帝主持，加之壁画绘制于章怀太子墓中，所以，西《客使图》表现的应该是李贤在做太子时的一次外交接待，接待的对象正是画中那位唯一未持笏板的吐蕃人。

那么，历史上的李贤是否真的接见过吐蕃来使呢？

答案是肯定的，这件事发生于唐高宗调露元年（679年）。这年十月，已经嫁入吐蕃的文成公主派遣大臣论塞调傍为使节，入唐通报松赞干布之孙、赞普芒松芒赞的死讯，并请求唐廷下嫁公主和亲。早在五月，李治和武则天便已前往洛阳，直至次年十月才返回长安，所以此时的国政实际由太子李贤监理，也就是我们习知的"太子监国"。因此，吐蕃使者在来到长安后是无法面圣的，只能先拜见太子，这样也就不必用到帝王主持的宾礼，这也能够用来解释壁画上官员们只穿常服的原因。

如此看来，西《客使图》中描绘的吐蕃使者多半是文成公主派遣的论塞调傍，另外两位突厥和粟特的官员则在这里充当唐蕃之间的"翻译官"。唐朝与吐蕃语言不通，朝廷内很少有熟悉吐蕃语言和风俗的汉族官员，而突厥与吐蕃多有来往，粟特人行走东西，也精通各族语言，聘请他们来协助完成谒见之仪便是理所当然的事情了。可见，西《客使图》记录的正是吐蕃使者向大唐请求和亲的事件，主理该事的正是李贤本人。

吐蕃于调露元年的这次求亲遭到了唐朝的拒

知识小卡片·鸿胪寺

鸿胪寺是官署名。"鸿"意为声音，"胪"意为传递，"鸿胪"就是"传声引导"的意思，进而引申为接待宾客，故鸿胪寺是负责接待外来宾客的官署。汉武帝刘彻最早以鸿胪为九卿之一，主掌接待宾客之事。南北朝时期，北齐始设鸿胪寺，置"鸿胪寺卿"和"鸿胪寺少卿"等官员，负责宾客的引导接待和相关礼仪。此后直至清代，除金、元两代不设外，历代均置有鸿胪寺。唐代鸿胪寺位于唐长安城皇城南面、朱雀门内西侧，内有鸿胪客馆，招待四方来宾。当时，鸿胪寺的职责十分复杂，少数民族首领和外国使者的朝见与接待、爵位和诰命的册封、朝贡物品的收纳与回赐乃至高级官员的丧仪都由其负责，堪称"史上最忙碌的外交部"。

绝，然而，故事到此尚未画上句号，历史总会被赋予更多戏剧性的结局。神龙二年（706年），在唐中宗李显复位后，李贤三子中唯一存活的次子李守礼迎回父亲的灵柩，使其归葬乾陵。李守礼对父亲坟墓的修建尽心尽力，《客使图》或许就是在他的授意下绘成的。次年，吐蕃赞普遣使来唐，再次提出与大唐和亲的请求，李显没有拒绝，却也没有嫁出自己的女儿，而是把自己的侄孙女——李守礼的女儿李奴奴封为金城公主，下嫁吐蕃。精美的西《客使图》，似乎冥冥之中预示了什么。

千年之后，往事如烟，尽管我们已无法亲眼见到"九天阊阖（chānghé）开宫殿，万国衣冠拜冕旒（miǎnliú）"的大唐盛景，却依然能从章怀太子墓内的两幅《客使图》壁画中体会当年"大国外交"的恢宏气度。彼时彼刻，恰如今年今日，无论是唐朝还是现在，"外交天团"的成员们都会以自信、端庄和优雅的仪态，向世界传达中国的时代最强音！

千年万岁，椒花颂声
——上官婉儿墓志

每逢清明节，我们都会怀着沉重的心情去墓园扫墓祭拜，以表达对先人的哀思。在墓园中，我们主要通过竖立在坟前的墓碑来确定埋葬者的身份、性别、生卒年月和血亲子女等信息，这与我们的祖先一脉相承。但是，比起现代，古时人们埋葬逝者的仪轨要复杂得多，除了在坟前立碑外，还要在墓中放置一块刻有逝者生平事迹的石刻——墓志。

墓志是中国古代丧葬制度发展的产物，最早诞生于秦汉之际，并一直延续至明清，经历了由砖造墓志到石刻墓志的发展历程。刻印在墓志上的文字有着固定的形制和专门的文体，主要记述逝者的身份、家族背景和生平事迹，本身即是一篇文采优美的短文，长度多为千字上下，文末一般还附有音韵和谐的赞辞。那么，墓志上的文字又是从何处来的呢？这就要提到另一种文体——行状。

汉代以来，每当有一定社会地位的人去世后，其亲朋好友、门生故吏便会为他撰述行状，也称"状""行述"或"事略"。行状记述着逝者的郡望籍贯、生卒年月、家族世系和生平事迹。行状完成后，一份会抄送地方官府，再由地方官府递送至中央保存，留作史官立传的依据，另一份则用来作为描刻逝者墓志的底稿。因此，每当有历史名人的墓志出土时，我们总会发现墓志的文字与他在史书记传中的内容惊人地相似，原因即在于两者都来自同一份行状。不过，并非所有的墓志都与行状出自一人之手。中唐以后，延请声名卓著的文人撰写墓志逐渐流行起来，我们也就常能在中唐以后的文集里见到墓志与行状由不同文坛名家撰成的情况。宋代以降，延请著名文人撰写墓志更是蔚然成风，甚至成为部分文人墨客的社交方式与谋生手段，隐藏在这种社会风气背后的是逝者家族彰显名望与德行的现实需要。

了解完这些背景知识后，让我们回到麟德元年（664年）十二月的长安城，聆听一段长达40余年的传奇故事。

此时的长安已然进入深冬，大雪纷飞，而大明宫的形势似乎比席卷朱雀大街的寒风要更凛冽刺骨。这一日，右相许敬宗突然奏告西台侍郎上官仪和宦官王伏胜勾结废太子李忠谋反，此案未经细究便被办成了"铁案"。上官仪与儿子上官庭芝、王伏胜一同下狱，旋即被以谋逆之罪处死，妻女没为官奴。身为唐高宗长子的李忠尽管已被废为庶人，但同样难逃厄运，被赐死于自己在黔州的贬所——上一个住在这里的，是唐太宗李世民的嫡长子、唐高宗李治的哥哥、废太子李承乾。上官仪一家含冤而终，满朝公卿皆知许敬宗所言乃子虚乌有，却无人敢言，只因他是武皇后的亲信，他的诬告显然也是得到了皇后的授意。

上官仪的枉死并非无迹可寻，故事还得再追溯10年，从永徽六年（655年）说起。那年，在经历"废王立武"事件后，王皇后被废，恩宠深厚的武昭仪被李治立为新后。像是有意安排的一般，李治刚册立完新皇后，李唐皇室祖传的心脑血管疾病——风疾就在他身上发作了。病魔折磨得李治头晕目眩，几乎到了不能临朝的境地，就不得不让精明强干又精通文史的皇后帮着自己处理政务。渐渐地，武后深度参与朝政，决断政事，甚至包揽各类政务。

　　凡事物极必反。武后的独断专行引起了高宗的不满，他开始谋划着将她废为庶人。几个月前，武后引道士入宫行厌胜之术，被宦官王伏胜目睹并告发。巫蛊厌胜历来被视为宫中大忌，历代后宫因此生祸者不计其数，废黜皇后的机会似乎主动来到了高宗面前。他密召西台侍郎上官仪商议废后之事，并令他起草废后诏书。可是，垂拱而治许久的李治并不知道，如今的大明宫早已是皇后的天下，遍布着她的耳目。这边上官仪刚拟好诏书，那边武后已经匆匆赶到，如泣如诉地向李治申辩。性格软弱的李治见此情景，只一味地羞缩愧悔，哪里还敢再提废后之事，又怕武后怨怒，直接来了句"上官仪教我"，干干脆脆地把责任都推卸给了帮自己拟诏的上官仪。武后自然不可能追着高宗不放，便将怒火与恨意都转移到了这个位极人臣的御用文人身上。

　　必须承认，上官仪自己定然也对武后的专横专权有所不满，否则他不会在高宗面前说出"皇后专恣，海内失望，宜废之以顺人心"这样的话来。可惜，正是这份对君王的忠心使他成了政治斗争的牺牲品。

　　于是就有了开头许敬宗诬陷上官仪谋反的那一幕。此次朝会后，高宗的大权日益旁落，每当他视朝时，武后就会于御座之后垂帘听政，大小事务都先由皇后裁断，再通过皇帝下诏发布，朝局由此完全掌控在了武后手中。9年后的上元元年（674年），朝廷下诏，尊皇帝为天皇，皇后为天后。唐人习惯称皇帝为"圣人"，便也将帝、后合称"二圣"，"二圣临朝"的统治局面彻底形成，武后凭借自己强有力的政治手段争得了与大唐皇帝并尊的地位。两年后，高宗的风疾愈加严重，他一度打算逊位，让天后代理国政，只是被中书侍郎郝处俊一席严厉的谏言给堵了回去："今陛下奈何欲身传位天后乎？天下者，高祖、太宗之天下，非陛下之天下，正应谨守宗庙，传之子孙，不宜持国与人，以丧厥家。"话虽说得漂亮,可朝野上下心知肚明,天下大权早已落入临朝多年的天后手中,朝廷的一举一动乃至一言一行都在她的掌握之中,皇帝不过"拱拱手而已"。

在前朝波谲云诡之际,长安城太极宫西侧的掖庭宫内,一位亭亭玉立的姑娘正悄然长成。她复姓上官,名婉儿,是上官仪的孙女。上官仪遇害时,她尚在襁褓,与母亲郑氏一同被没入掖庭充作官婢。据说,郑夫人在怀婉儿时,曾经梦到一个巨人送给自己一杆大秤,解梦的人为郑氏占卜,说她会生下一个贵子,此子日后定能秉持国权、显荣于时。

"秉持国权者,那不就是宰相吗?"听到占卜时的郑氏,心中自然是喜悦的。待到郑氏生产,众人见生下的是个女儿,纷纷嗤笑,以为占者所言乃虚妄。郑夫人抱着怀中小小的女婴,也玩笑般地无奈问道:"称量者岂尔邪?"

当时,没有人会相信,也没有人敢相信,一介罪臣之女能参与朝政、把持国权。然而,幽暗阴森的掖庭并没有磨灭婉儿生存下去的希望。她的母亲出身于荥阳郑氏,具有很深的文化修养,加之唐代掖庭专门设立了由太监充任的宫教博士,教习宫人诗书、算术等。在如此种种的熏陶下,生性聪颖的婉儿很快展现出了令人惊艳的才情。

随着武后独揽朝纲,朝堂上反对"牝鸡司晨"的声浪此起彼伏。为了抗衡前朝的男性官僚群体,也为了建立直属于自己的官僚队伍,武后从女性群体入手,开始为女子参政提供制度通道,文才出众的上官婉儿自然引起了武后的注意。仪凤二年(677年),武后于宫中召见了豆蔻之年的上官婉儿,当场出题考校。婉儿文不加点,须臾而成,且文义通畅,辞藻优美,仿佛提早在腹中打好了草稿。见此情形的武后凤颜大悦，当即将婉儿引为亲信女官，掌管宫中制诰，还晋封她为才人——这当然不是要让上官婉儿成为唐高宗的妾妃，而是借此名分帮她摆脱奴籍。此后，婉儿逐渐得到重用，和其他女官一同为武后执政提供了重要的参谋和帮助。

弘道元年（683年），唐高宗李治病逝于紫微城贞观殿，太子李显即位，是为唐中宗。李显尊武后为皇太后，并将万方政事委其决断。次年九月，武太后废中宗为庐陵王，又立中宗之弟豫王李旦为帝，是为唐睿宗。她将年号改为光宅，改东都洛阳为神都，改洛阳紫微城为太初宫，临朝称制，自操权柄，代唐自立之心日显。垂拱四年（688年），琅琊王李冲、越王李贞继徐敬业之后起兵反武，但很快被派兵击溃。武太后趁机利用酷吏大肆诛杀李唐宗室子孙与唐室旧臣，余者悉皆流放岭南。之后，武太后改名武曌，自号"圣母神皇"，取代大唐已经只是时间问题。

两年后的载初元年（689年）九月九日，洛阳城内六万多人上表请改国号，李旦自请退位。武曌见时机已到，遂改唐为周，定都洛阳，改元"天授"，自加尊号为"圣神皇帝"，正式登临大宝。

在武曌从后位走向帝位的十几年间，作为她的亲信幕僚，上官婉儿贡献了多大的力量，各种史书均未记载。但有一件小事却值得注意，武曌登基后不久，上官婉儿曾因违忤旨意被判死刑，但武曌惜其文才，竟特予赦免，仅仅处以黥面之刑。如此看来，婉儿的文才已然卓越到了连杀伐果断的大周皇帝都要为她"特赦"的地步，可见其在武皇心中的地位非常人所能及。自武周万岁通天元年（696年）开始，婉儿更是被委以重任，除了内掌诏敕之外，还负责协理群臣奏议和天下政务，俨然是一位"巾帼宰相"。造化弄人，美梦成真，郑夫人当年怀孕时梦见的那杆大秤，竟真的应验在了自己女儿的身上。

圣历元年（698年）是武曌登基后的第八年，这一年里发生的许多事让她意识到，人心所向的终究是李唐皇室。于是，在各方面拥护李唐的压力下，武曌将废为庐陵王的李显接回洛阳，复立他为皇太子。武氏子孙承袭大统的希望彻底落空，"立子立侄"的争端以李家子弟的胜利而告终。或许，狄仁杰对武曌的谏言是对这场争斗结局的最佳注解："姑侄与母子孰亲？陛下立子，则千秋万岁后配祀太庙；若立侄，则未闻侄为天子，而祔姑于庙者也。"

705年正月，武皇病重，李唐王朝迎来了提前复辟的时机。宰相张柬之、崔玄暐与大臣敬晖、桓彦范、袁恕己等暗中交结禁军统领李多祚，趁武曌在洛阳迎仙宫集仙殿内卧床不起时，佯称武皇的面首张易之、张昌宗兄弟谋反，率禁军五百余人冲入宫城，诛杀二张并包围集仙殿，逼迫武皇退位。是月二十三日，太子李显代理国政，大赦天下，改元神龙，这场宫廷政变就依年号被称作"神龙政变"。二十四日，武曌终于答应传位于李显，次日，李显在洛阳通天宫即皇帝位，随后不久即为武曌上尊号为"则天大圣皇帝"——"武则天"的通称就是这么来的。二月初四，李显下诏复国号为唐，百官、旗帜、服色、文字等皆复唐制，还都于长安，改神都洛阳为东都。十一月二十六日，耄耋之年的武则天病逝于洛阳，她遗诏省去帝号，称"则天大圣皇后"，与高宗李治合葬于乾陵。

伴随着"李唐神器"的归复，武则天的时代落下了帷幕，唯余乾陵司马道东侧的无字空碑静静观照着接下来的纷纭变化（图1）。女皇的离世并不代表着女性与朝局的隔绝，恰恰相反，在李显即位后，韦皇后、安乐公主、太平公主和上官婉儿等女性依旧是当时唐宫政治风云中的活跃人物——从新旧两《唐书》的记载来看，婉儿一生中的"高光时刻"，正是自中宗复位后开始的。

《旧唐书》成书于五代后晋时期，由当时的政治家刘昫监修而成；《新唐书》则成书于北宋时期，由宋仁宗时的名臣欧阳修、宋祁和范镇等人合撰成书。二者皆因非凡的史学价值而被列入"二十四史"之中。在这两部详述唐代国史的纪传体史书中，有关上官婉儿的专题记载都被放进了列传的《后妃传》里。婉儿是唐高宗时期的才人，至神龙元年后更被册封为秩正二品的昭容。然而，正如前面所说的那样，上官婉儿的后妃封号只是为了方便她参与政事，而非成为皇帝的妃妾，将她的事迹放在《后妃传》里，大抵也是权宜的做法（图2）。

两部唐书对上官婉儿生平事迹的记载几乎如出一辙。我们当然可以不假思索地认为，两者相似的原

图1　乾陵无字碑

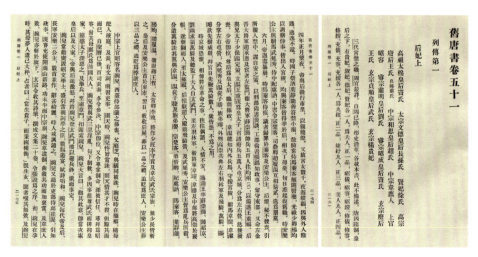

图2 《旧唐书·后妃传》书影（中华书局点校本）

因是《新唐书》在编纂时大量参照了《旧唐书》的原始内容，但对比其他人物在两书中记载的变化来看，上官婉儿因作为"女流之辈"参政而被史笔刻意忽略的可能性显然是更大的。

史书是这样告诉我们的：复位后的中宗李显因生性懦弱，不仅未清算武氏家族的政治势力，还纵容患难之妻韦皇后的把持朝政，同时任用大量武则天时期的旧臣，其中就包括被特晋为昭容的上官婉儿。渐渐地，韦后的政治势力与武氏旧臣沆瀣一气，形成了臭名昭著的"武韦专政集团"。

婉儿的升迁带动了其祖父上官仪的平反和母亲郑氏的加封，颇有些"一人得道，鸡犬升天"的意味。她深得李显信任，继续主掌诏令的草拟，又与武则天的侄子武三思私通，在朝廷里延续着"尊武抑李"的政治风气，因而引发了太子李重俊的厌恶。神龙三年（707年）七月，李重俊发动兵变，诛灭武三思父子，又攻打宫城，意图尽诛上官婉儿等敌对势力，婉儿偕帝后登玄武门以避兵锋，最终令兵变失败，李重俊也在逃往终南山的途中被部下所杀。

这场兵变之后，以武三思为首的武氏集团不可避免地衰落了下去，韦氏集团则愈加强大起来。大权在握的韦后置天下动荡于不顾，在朝中大肆培植亲信，弹压反对势力，造成了朝政的混乱。此时的上官婉儿依旧专秉内政，她常常劝说李显广置昭文馆学士，聘请词学之臣，吸纳文学名士，还多次代替帝后和长宁、安乐二位公主在宫宴上赋诗唱和，文辞工美，多为时人传诵唱和。李显还令婉儿评定大臣所作和诗，所评第一者，常能得到金银和官爵的赏赐。自此，朝廷内外吟诗作赋之风靡然，身为近臣的上官婉儿称量天下才郎，俨然一副"首席御用文人"的姿态，成了名副其实的"政治风向标"。当时，宫禁松弛，宫廷内官的出入也变得随意自由，上官婉儿在宫外购筑宅第，借机与朝中官员私下往来。据传，她在武三思死后，又与吏部侍郎崔湜私通，引荐他为宰相。

景龙四年（710年）六月，中宗李显暴毙，韦后扶持了四子李重茂即位，改元唐隆。传闻称韦后与女儿安乐公主合谋毒杀了李显，因为韦后想效法武则天登基称帝，而安乐公主也能就此成为可以合法继承帝位的"皇太女"——无论传闻是否为真，韦后想独揽大权的野心已是路人皆知。她先将李重茂立作傀儡皇帝，自己作为太后听政，又把守卫宫城的南北衙禁卫军和尚书省诸司交与韦氏子弟控制，宗楚客和韦温等朝中重臣也开始如法炮制地劝说韦后代唐称帝，20年前的剧目似乎要再度上演。

然而，韦后不是武后，其治国理政的水平远在自己的婆婆之下，早就引得朝野憎恨，安乐公主更是空有一副好皮囊，母女二人不过是"画虎不成反类犬"。况且，当时的朝堂上还存在着两股属于李唐皇室的政治势力——相王李旦和镇国太平公主，两人都参与了神龙政变，前者是李显的弟弟，后者是李显的妹妹，兄妹三人皆是高宗李治与武则天的亲生骨肉。相王李旦有一个智勇双全的儿子，名叫李隆基，受封临淄王，就是日后赫赫有名的唐玄宗。

韦后视二人为眼中钉、肉中刺，必欲除之而后快，然天命不佑倒行逆施之人。赶在韦氏一党动手前，李隆基便与太平公主等人先行起兵发难，打着"匡扶大唐社稷"的旗号，于唐隆元年六月二十日率兵攻入大明宫玄武门，在禁卫军的响应下先后斩杀了韦后、安乐公主及其丈夫武延秀。次日，韦氏的亲族党羽悉数伏诛。两日后，太平公主逼迫幼帝李重茂退位，将自己的哥哥李旦扶上了皇帝的御座，改元景云。和李显一样，李旦也经历了废而复立的戏剧化历程。三天后，肩负从龙之功的李隆基被册立为太子。此次政变终结了韦氏集团操控朝局的乱象，因发生于唐隆年间，故称"唐隆政变"。

时年47岁的上官婉儿于这次宫廷政变中命丧黄泉。《旧唐书》的记载极其简略，只是说她在韦后败退时被斩于旗下。《新唐书》的记述则详细得多，结合成书年代相近的《资治通鉴》来看，上官婉儿在遭遇李重俊兵变后变得忧虑恐惧，开始倾向于李唐宗室。待到中宗驾崩后，婉儿起草遗诏，拟立温王李重茂为帝，再引相王李旦入朝辅政。只是这份遗诏遭到了宗楚客和韦温等人的篡改。李隆基攻入皇宫时，上官婉儿手执灯笼，率领宫人迎接，并将她所草拟李显遗诏的底稿呈给了支持政变的前任朝邑尉刘幽求看，刘幽求拿着草稿为她向李隆基求情，李隆基却没有答应，仍旧在军旗下将她斩首，巾帼宰相的传奇人生在刀光剑影中被仓促画上句号。

纵观上述文献记载的上官婉儿，尽管史官没有给出明确的价值判断，字里行间却塑造着一个"有才而无德"的女官形象。作为一个典型的悲剧人物，婉儿带着"才情横溢""私德不堪"和"政治投机"等标签被人们铭记千年。又因与同时代另一位传奇女性——太平公主的年龄相仿，两人常常在影视作品里被塑造成水火不容、争风吃醋的情敌关系，由此衍生出的风流故事沦为坊间茶余饭后的谈资。

但是，事实真的如此吗，史书工笔所载就一定能够尽信吗？我们单看宋人编修的《新唐书》和《资治通鉴》，便已不难发现其中的抵牾之处：《资治通鉴》称，在李重俊兵变后，上官婉儿即选择与韦后母子疏远，倒向李唐宗室。可《新唐书》里的上官婉儿，在经历兵变后仍与韦氏集团暧昧不清，甚至过从亲密。不同史籍在逻辑上的矛盾是显而易见的。不过，仅凭此并不足以断言历史书写的偏差，还需要更加有力的证据。

新的证据最终在2013年被发现。当年9月，陕西的考古工作者在咸阳市渭城区的西安咸阳国际机场附近发现了一座唐墓。这座墓葬坐北朝南，全长36.5米，深10.1米，由斜坡墓道、5个天井、4个壁龛、甬道和墓室等部分组成，是一座规制较高的唐代单室砖券墓（图3）。该墓所在的区域与唐长安城遗址相距约25公里，古称"洪渎原"，是北朝至隋唐时期长安城以北的高等级墓葬区，埋葬了不计其数的王公贵族与皇亲国戚。在发掘过程中，考古人员发现，尽管墓葬的壁龛未遭盗掘，出土了170余件随葬陶器，但自接近墓室的倒数第二个天井开始，墓葬的北半部分即遭到了严重破坏，墓室更是被毁得惨不忍睹：顶部完全坍塌，铺地砖一块不剩，墓室内的随葬器物、棺椁和墓主人遗骸均不翼而飞。面对眼前的景象，经验丰富的考古队员判断，这十有八九是"官方毁墓"所造成的大规模破坏——有唐一代，政治斗争频

图3　上官婉儿墓俯视图

繁，由掌权者组织的毁墓行为是比较常见的泄愤方式，考古发掘中也曾多次发现过被官方所毁的唐代墓葬。

就在考古队员以为本次发掘要以失望而告终时，残余甬道内出现的一合保存完好的青石墓志重新点燃了大家的希望。这合墓志被置于甬道正中，保持着墓主人下葬时放置的模样，可见其未被盗扰。墓志出土时，盝顶的志盖覆于志石之上，志盖的顶面正中清晰地阴刻着9个篆字——"大唐故昭容上官氏铭"。

至此，考古人员终于得以断定这座墓葬的主人，那就是殁于唐隆政变的上官婉儿。其实，"上官婉儿"这个名字也存在一定争议，虽然两唐书都提到了上官昭容名婉儿，但出土墓志却只将她称作"上官氏"。考古学家们出于对实物资料的尊重和信任，大多认为"婉儿"是上官昭容的乳名，并非正式名字。因此，该墓葬在学术场合的官方名称是"唐昭容上官氏墓"，"上官婉儿墓"则是接受度较高且更为方便的一般性称呼。

我们再来细看这合由青石制成的墓志，它总体呈正方形，分为志盖和志石两部分，像极了一函严丝合缝的石匣。其中，志盖边长74厘米，厚12.5厘米，盖顶刻字，表明墓志的墓主，其余各面皆为牡丹和瑞兽等纹饰，显得繁复而精美。志石边长75厘米，厚15.5厘米，被紧紧叠压在志盖之下，石面上规整地划刻细线棋格，每个格子内都阴刻一枚楷书正字，满行33字，最终共计32行982字，题为"大唐故婕妤上官氏墓志铭并序"（图4）。石面四侧在联珠纹的框架内装饰着十二生肖和缠枝忍冬，令整体画面生动又写实。整方墓志的线刻图案錾（zàn）刻精细、造型优美，墓志上的文字书刻俱佳，丰腴流美，是当时十分流行的书法风格，具有极高的艺术价值。纵观目前可见的唐代墓志，上官昭容的这合是难得的上乘之作。

那么，婉儿的墓志里都藏着哪些信息，其墓志又为何同时出现了"昭容"和"婕妤"两个头衔？不妨先从志石上的正文看起。事实上，唐

图4-1　上官婉儿墓志盖

代的墓志基本存在着一套固定的格式，即先叙述逝者的籍贯郡望和家族世系，再详述逝者本人的简要生平与突出事迹，进而交代逝者的死因、享年、葬时葬地等相关信息，以上统称为"序"，序之后才是赞颂逝者功德的"铭"，铭往往以骈体文的形式呈现，四字对仗，辞藻华丽。我们今天常见的墓志铭，其实是将墓志中的序省略后的简化版。

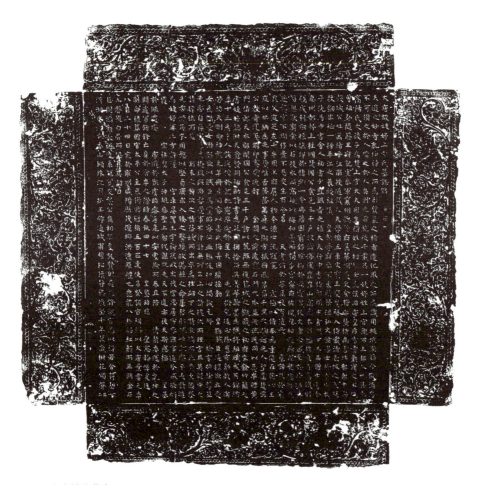

图4-2　上官婉儿墓志

年　　代：唐景云元年（710年）

类　　别：可移动文物·砖石文物

藏　　地：陕西考古博物馆

上官婉儿的墓志正文也遵循着刚才所说的格式：开头记载姓氏籍贯，阐明上官氏的家系源流，再详细描述其祖上官仪和其父上官庭芝的名讳、官职与事迹。行文至此，墓志全文实则已只剩半篇，而恰恰是这精悍短小的后半篇，为我们还原了婉儿的真实人生：

年十三为才人。该通备于龙蛇，应卒逾于星火。

▲ 上官婉儿十三岁入宫，成为高宗的才人。她的博通之才犹如非常之人，敏捷之才胜过流星天火。

神龙元年，册为昭容。以韦氏侮弄国权，摇动皇极。贼臣递构，欲立爱女为储；爱女潜谋，欲以贼臣为党。昭容泣血极谏，扣心竭诚，乞降纶言，将除蔓草。先帝自存宽厚，为掩瑕疵。昭容觉事不行，计无所出。上之，请摛伏而理，言且莫从。中之，请辞位而退，制未之许。次之，请落发而出，卒为挫衄（nù）。下之，请饮鸩而死，几至颠坠。

▲ 神龙元年，上官婉儿被册封为昭容。因为韦后弄权，动摇皇位。贼臣之间相互勾连，意欲册立安乐公主为储君；安乐公主亦私下筹谋，妄图与贼臣结为朋党。故而昭容泣血死谏，竭诚掬心，乞求降下圣旨，铲除奸党。可是，先帝（指中宗李显）为人宽厚，为贼人掩饰罪过。昭容见自己进谏失败，无可奈何，便想出数条应对之法。她先当众揭发阴谋，晓之以理，但先帝并未听从。之后，她又要辞去后宫职务，意图全身而退，也没得到准许。事已至此，她只能请求削发出家，却最终被先帝命人夺下剃刀。最后，她甘愿饮鸩赴死，几乎当场倒毙。

先帝惜其才用，慜以坚贞，广求入滕之医，才救悬丝之命。屡移朏魄，始就痊平。表请退为婕妤，再三方许。暨宫车晏驾，土宇衔哀。政出后宫，思屠害黎庶；事连外戚，欲倾覆宗社。

▲ 先帝爱惜她的才华，感念她的坚贞，为她广求妙手回春的名医，方才救下一息之命。昭容多次魂游体外，后来才慢慢痊愈。病愈后，她奏请由昭容降为婕妤，再三求告后才得到准许。待到先帝驾崩，天地同哀。韦后当政，使无辜百姓惨遭屠戮，又用谋逆之事勾结外戚，意欲谋夺皇位。

皇太子冲规参圣，上智伐谋，既先天不违，亦后天斯应，拯皇基于倾覆，安帝道于艰虞。昭容居危以安，处险而泰。且陪清禁，委运于乾坤之间；遽冒铦锋，亡身于仓卒之际。时春秋四十七。

▲ 皇太子（指李隆基）决意发动兵变，运用智谋和武力讨伐奸佞，既未违背天命，也能顺应万民，最终于倾覆之际拯救宗室，在艰难之时安邦定国。彼时，上官婉儿身处险境，依旧泰然从容。她在纷繁复杂的宫廷中机敏处置变故，却遭遇兵变，在仓促中殒命。时年四十七岁。

原来，婉儿既不是史书里记载的政治投机者，也不像史笔描绘的那般私德败坏。她早毓名门，自幼聪敏，才华横溢且忠贞不贰，光辉绚烂又令人扼腕。特别是在对待"悖逆之徒"韦后与安乐公主的态度上，她始终支持李唐皇室并与其斗争，最终不幸"亡身于仓卒之际"。

现在，我们可以回答刚刚提出的问题了；为何志盖上称婉儿为"昭容"，志文的标题又改称她为"婕妤"呢？依唐制，昭容为皇帝九嫔第二级，仅次于昭仪，属正二品阶；而婕妤为代世妇之一，是正三品阶，两者之间存在品秩上的差异。答案就藏在墓志的序文里。上官婉儿在劝谏中宗不成、服毒被救后，先是"表请退为婕妤，再三方许"，可行文后面又说"昭容居危以安，处险而泰"，《新唐书》里还提到她在母亲郑氏去世后也曾自请降为婕妤，没过多久又被升为昭容。难道是撰文者无法弄清上官婉儿的具体官阶吗？自然不是。"婕妤"与

"昭容"混用，本身可能是因为上官婉儿曾反复在两个官阶之间调动，因而用哪个称呼都不算错。不过，婉儿在生命最后时刻的官阶是"昭容"，这点是可以确定的。

兴许有人会质疑，墓志的内容大多为溢美之词，可能与历史真相相去甚远。其实不然。在历史考古的领域里，墓志几乎堪称墓葬中最重要的文物，它占据了整个墓葬考古信息的绝大部分价值，是一切关于墓葬学术研究的立论基础。即使单从文献学的角度出发，在其他条件相同的情况下，作为出土文献的墓志也是比纸质文献更为可靠的历史记录。何况，当我们继续往下阅读上官婉儿的墓志时，这种质疑便会不攻自破：

皇鉴昭临，圣慈轸悼，爰造制命，礼葬赠官。太平公主哀伤，赙赠绢五百匹，遣使吊祭，词旨绸缪。以大唐景云元年八月二十四日，窆于雍州咸阳县茂道乡洪渎原，礼也。龟龙八卦，与红颜而并销；金石五声，随白骨而俱葬。

▲ 皇帝陛下（指睿宗李旦）登基后明察秋毫，怀揣圣心地沉痛悼念她，又降下诏命将她以礼厚葬，加封赠官。太平公主哀念伤情，捐赠五百匹绢，派专使祭奠凭吊，悼词哀婉殷切。大唐景云元年八月二十四日，上官昭容被安葬在雍州咸阳县茂道乡的洪渎原上，丧礼尽毕。运筹之智，与红颜并销泉下；诗文之才，合白骨俱葬坟中。

我们熟知的墓志，往往会在志文的最后署上撰写者的姓名，唐宋八大家所撰的许多墓志就属于这种类型。但是，在唐开元以前，墓志末尾一般不会署上撰文者的信息。因此，上官婉儿的墓志是符合时代特征的。序文至此已接近尾声，却向我们展现了最关键的信息——按唐代墓志的撰写惯例，撰文者一般会在序文末尾点出委托制作墓志的

"客户"并加以赞美，以彰显其慷慨或孝义，委托人往往是墓主人的家庭成员。婉儿的情况则大不相同，她的墓葬是睿宗皇帝亲自下制修建并予以礼葬的。睿宗李旦是唐隆政变的最大受益人，他在登上帝位后，即以九五之尊厚葬上官婉儿。要知道，即使是像李旦这样温厚的老好人，在登基之初也以"逆节"的名义下令毁坏了武三思父子的坟墓，将他们斫棺暴尸。可见在韦后乱权时，婉儿自始至终都站在李唐皇室一边，否则她不会享有此等哀荣。

在李旦之外，我们还看到了一个熟悉的身影——太平公主。她是高宗李治与女帝武则天的独女、中宗与睿宗两朝皇帝的胞妹，是被则天皇帝评价为"类我"的掌上明珠，也是唐代历史上最有权势的公主。通常情况下，墓志的序文只要提到主持埋葬的人，可婉儿的墓志却在介绍完主持者睿宗皇帝后，额外讲述了太平公主的行为，这是极为特殊的情况。序文毫不掩饰地明言了太平公主对婉儿之死的痛惜之情，显然是一种特意为之的交代，而有此意的不是别人，正是太平公主本人。

何以见得？我们不妨试着分析一下太平公主与上官婉儿的关系。据学者推测，太平出生于麟德二年（665年）前后，与婉儿几乎同岁。两人自幼同住宫内，一个是出身掖庭的罪臣之后，一个是万千宠爱的天之骄女，虽是云泥之别，却皆富有才情、心怀天下。豆蔻年华之时，婉儿被武后召为女官，或许已经和膝下承欢的太平有了频繁接触。长大后，婉儿成了称量天下的巾帼宰相，太平成了权倾朝野的镇国公主。太平公主的第二任驸马是武则天的堂侄武攸暨，上官婉儿则是则天皇帝的旧臣，她们之间有极大的可能私交甚好，乃至政见相同、惺惺相惜。此时此刻，恰如婉儿在年少时写下的那句"势如连璧友，心似臭兰人"。

珠联璧合后，迎来的却是檐前破更、江上留风。婉儿成为景云元年最仓促的刀下芳魂，那年的太平却因协助李隆基平韦后之乱并支持睿宗登基，刚刚步入政治全盛期，公主的府邸仿佛是个小朝廷，军国大政，事必参决。从墓志的记载上看，权势滔天的太平公主从未将枉死的婉儿抛在脑后，反而正是在她的游说下，睿宗皇帝才给了婉儿极高的正面评价。这时的婉儿甚至连"平反"都不需要，而是赠谥褒美，显荣于身后。

景云二年（711年）七月，睿宗皇帝下诏，追谥上官昭容为"惠文"，此时距离上官婉儿下葬已过去将近一年，既已刻成的墓志自然也无法再添新笔。唐代女性得谥号者，仅见于皇后与个别公主，婉儿身为女官能得此殊荣，无疑是太平公主的授意。清人编纂的《全唐文》里，收录了开元年间宰相张说的《唐昭容上官氏文集序》，两唐书据此便称，是玄宗皇帝李隆基收集了上官婉儿的诗文，又将它们编订成集，最后让张说作序。可是，张说在序言的末端明明白白写着：

镇国太平公主，道高帝妹，才重天人，昔尝共游东壁，同宴北渚，倏来忽往，物在人亡。悯雕管之残言，悲素扇之空曲。上闻天子，求椒披之故事；有命史臣，叙兰台之新集。

原来，是太平公主向哥哥睿宗上表，请求为上官婉儿编纂文集。她似乎对婉儿遗留在人世间的一切都视若珍宝，像在追忆故人，又像在缅怀知己。

政治斗争永远是残酷的，毕竟天无二日，民无二主。唐隆政变后，同戴不世之功的太平公主与太子李隆基利尽而散，姑侄之间产生了更为激烈的对抗。权力的争斗注定要掀起血雨腥风。无法面对和处理这种局面的睿宗李旦最终选择逃避现实，于延和元年（712年）退位，禅让于李隆基，同年改元"先天"。次年七月，太平公主图谋发动政变，新帝李隆基先发制人，率兵尽诛公主党羽。失败后，太平公主被迫逃入南山佛寺，三天后才走出寺庙，旋即被李隆基下诏赐死。尽管已经在皇室血斗中浸淫了十数年，身为太上皇的李旦还是亲自出面，请求儿子宽恕自己亲妹妹的死罪。可惜天家素来恩情薄，这一请求被李隆基严词拒绝。随后，太平公主自尽于家中，其诸子及党徒被处死者达数十人，朝中官员也迎来了一次彻底的大换血，结束了自中宗朝以来政治混乱的局面。由于此次宫廷政变发生于先天年间，故称"先天政变"。此后，李隆基真正成为乾纲独断的圣人天子，自神龙元年起频繁发生的血腥政斗就此告一段落，政治环境逐渐趋于安定，大唐也将迎来最为繁盛富丽的开元盛世。

太平公主既没，已是胜利者李隆基即下令平毁其第二任驸马武攸暨的坟墓。夫妻本应死同穴，三郎此举，许是为了让自己的姑母死无葬身之地。正因如此，史书无载，孤坟无处，考古人员至今仍无法探明太平公主的葬地。

作为公主的挚友，上官婉儿毫无悬念地被玄宗皇帝视作逆党从犯，尽管已身死数年，却依旧难以摆脱毁墓平坟的命运。但婉儿的身后事毕竟是以李旦的名义操办的，李隆基即便心里再不认可，也无法因违背父亲的意愿而担上"不孝"的罪名，所以他不能在明面上损毁她的名誉，只能通过毁墓的极端方式来发泄愤怒。

不禁想起景云元年六月那个血溅天阶的夜晚，尚与太平公主处于政治同盟状态的李隆基，会否自那时起，就已经做好了和皇姑在未来有一番恶斗的准备，因而才不由分说地处死上官婉儿，为的就是提前剪除公主的羽翼，使其无法威胁到自己今后的地位。一切都只能是猜测，因为真相早已在婉儿被杀的那一刻隐入青史。然而，从权力斗争中脱颖而出的玄宗皇帝大概无法想到，正是几年后他在衔愤迁怒之下做出的毁墓行为，才为千年后的我们断定太平与婉儿之间的金兰之谊提供了生动的侧面证据。

从宫廷初见到玉殒香消，回望上官婉儿和太平公主的一生，既掩藏着少女怀春、牡丹含笑的烂漫时光，也蕴含着凤翥龙翔、波澜壮阔的大唐气象。我们当然可以从结局的角度出发，认为她们的一生是个悲剧。表面上看，这种悲剧来自于初唐以来几代人对绝对权力的追逐与纠缠，可归根结底却源于她们的性别——女人与权力，在男性主导的古代中国，这几乎是不可兼容的违禁搭配，是被严厉防范和杜绝的社会灾难。

在封建时代，女性一旦获得了比男性更大的权力和更高的地位，后者就会以污蔑之名来掩盖自身的害怕与恐惧：女人怎么能抛头露面，怎么配执掌权柄，怎么敢称皇称帝？可大唐却给了这些问题肯定的答复：她们能，她们配，她们敢。皇室的女性，不再仅仅拘泥于"公主""妃嫔"和"太后"这些附庸于男性的身份，而是以官员和皇帝的形象从后宫走向前朝。尽管唐代仍是一个标准的封建王朝和父权制社会，女性的地位没有得到实质性提高，她们在政治上的活跃也只是权力真空期的特殊情况，但光是这种如天边流星般转瞬即逝的非常态现象，也足以证明这个时代的包容和伟大。

若我们更进一步思考，便能萌生出新的疑问：在漫长的中国古代社会里，为何女性执政的现象频繁发生在隋唐时期，甚至出现了诸如"武则天称帝"等前无古人的政治生态？

答案要向更早的魏晋南北朝时期追溯。西晋王朝的崩溃打破了秦汉以来的华夷秩序，代表着草原文明的游牧民族入主中原，拥有发达农业文明的汉人则偏安江左。近300年的南北分立既带来了频繁的战乱，却也前所未有地促进了民族之间的大融合。在气势如虹的民族融合大潮中，汉人贡献了先进的生产技术、物质文化与制度文明，胡人则以勇猛精悍的姿态带来了朴素却富有生命力的风气，其中就包括更为平等的两性关系——在游牧文明的社会中，人口因稀少而宝贵，能够孕育生命的女性被赋予尊崇的地位。比起男女之分，他们更多从实用主义的角度看待每一个作为有生力量的"人"。因此，每当草原部落里的男性缺位时，妇女便会扛起主事的大旗，男女并尊也成了司空见惯的事。自十六国至北朝，国家政治生活中的"大女主"可谓不在少数，即使把目光放到更晚些的时代，契丹人的辽、蒙古人的元，同样产生了诸多令人钦佩的女性政治家。

待到隋以雷霆之势统一南北、而后唐朝建立时，四海各族早已是"你中有我，我中有你"的状态，何况杨隋与李唐两代皇室本身都与作为游牧民族的鲜卑有着千丝万缕的联系。恰如陈寅恪先生在《李唐氏族推测之后记》中所言："李唐一族之所以崛兴，盖取塞外野蛮精悍之血，注入中原文化颓废之躯。旧染既除，新机重启，扩大恢张，遂能别创空前之世局。"今日我们自然不能唐突地给隋唐以前的中原文化冠以"颓废"的标签，但却必须承认，恰恰是南北朝以来的民族大融合，赋予了中华民族兼容并包的文化特征，中华文明才得以始终保持着蓬勃充沛的生命力，最终才能迎来盛大而绚丽的隋唐时代。

大唐之"大"，在伟大，在磅礴，在恢宏，在包罗万象；在疆域辽阔，也在文教昌盛，在"男儿本自重横行"，也在"巾帼何曾让须眉"。它的伟大不属于某个人或某个集团，而属于男女老幼、贩夫走卒，属于包括你我在内的每一个中华儿女。大唐，是天下万民的心之所向；盛世，是黎民苍生的勠力同心。

现在，让我们把目光再度放到上官婉儿的墓志上，时代的恢宏和历史的遗憾在此刻交织。若婉儿是男儿身，她在文献中的记载多半会和墓志保持一致。史笔的双重标准令人唏嘘，像极了当年婉儿出生时嘲笑占卜不准的那群人。所幸，金石无声，却流传千载。世人的指指点点也好，史书的肆意涂抹也罢，都在墓志重见天日的那一刻烟消云散。男权社会总是倾向于把女性间的情谊描写得脆弱淡漠，又总爱将互相成就与欣赏的女性友谊歪曲成浅薄的对立。

"可大唐骄女偏偏就是历史上浓墨重彩的一笔，若我们的光辉不能一直照耀当时，那就将它刻在铭文里，让它流传千秋万载，直到后世的某一天，它能为所有人读懂。"不知景云元年的太平公主在抚摸着婉儿的墓志时，是否也曾这样想过？她应该是这样想的，因为序文后的墓志铭已经说明了一切：

其词曰：

巨阀鸿勋，长源远系。冠冕交袭，公侯相继。

爰诞贤明，是光锋锐。宫闱以得，若合符契。【其一】

潇湘水断，宛委山倾。珠沉圆折，玉碎连城。

甫瞻松槚（jiǎ），静听坟茔。千年万岁，椒花颂声。【其二】

▲ 昭容的赞词如是所言：

名门贵胄，功勋卓著，家系源远又流长。世代簪缨，冠冕相继，封侯拜相者辈出。

昭容出生，贤能睿智，卓越才华耀宗族。入宫任职，得心应手，才德匹配若符契。

你的离世，如同潇湘之水断流，巍峨之山倾颓。又如圆润的明珠损毁，无价的美玉破碎。

眼望坟前成行的松槚，耳闻茔边不绝的树声。但愿千万年后，世人仍同我一样记得你！

据说，上官婉儿酷爱藏书。她曾在家中藏书万余卷，所藏典籍均以香薰之。百年后，婉儿的藏书流落民间，藏家获得时惊奇地发现，它们依旧芳香扑鼻且全无虫蛀。书能流芳后世，人也能。

在上官婉儿墓的不远处，是太平公主第一任驸马薛绍的墓葬。这大抵是公主的心意：即使身赴黄泉，也要将婉儿留在最靠近自己的地方。文物出土后，出于保护遗址原真性的考虑，考古人员决定将发掘完毕的上官婉儿墓回填。2015年10月，一座遗址公园建成于上官婉儿墓附近，它被命名为"唐昭容上官婉儿公园"。2022年4月28日，中国首家考古专题类博物馆——陕西考古博物馆建成并试开放，馆内首次向社会公众展出了上官婉儿的墓志。如今，这方墓志正静静地躺在博物馆的展柜里，向往来的观众讲述着一位大唐女性的传奇人生。

历史的车轮滚滚向前，一代又一代女性艰苦卓绝的奋斗终于由点点星光汇聚成银河，照亮了后来人的路。1954年9月20日，第一届全国人民代表大会第一次会议全票通过了中华人民共和国的第一部宪法，其中第八十六条规定"妇女有同男子平等的选举权和被选举权"，第九十六条规定"中华人民共和国妇女在政治的、经济的、文化的、社会的和家庭的生活各方面享有同男子平等的权利"，此后，"妇女能顶半天"成为全中国家喻户晓的口号。1992年4月3日，第七届全国人民代表大会第五次会议通过了《中华人民共和国妇女权益保障法》。2012年11月，"男女平等"被正式作为基本国策写入中共十八大的报告中。

每当中国修订宪法时，"男女平等"总是被着重强调的立法精神，贯彻到中国从政治制度到社会生活的方方面面，《妇女权益保障法》也随着2022年的修订而日益完善，中国的女性取得了比以往任何时候都更加平等的地位。目前，中国政府正致力于消除隐性的性别不平等。相信在中华儿女的共同努力下，我们定能在不久的将来收获一个充分平等的和谐社会。

知识小卡片·掖庭宫

掖庭本指秦汉时期皇宫中掌管后宫日常生活的官署，该官署往往以宦官为令丞，称"掖庭令"，后来则演变为对宫女所居宫中房舍的称呼，即掖庭宫。掖庭在秦时名永巷，西汉武帝太初元年（前104年）正式改名为掖庭。东汉时期，掖庭被一分为二，分设掖庭令及永巷令。此后，"掖庭"之名被一直沿用至唐宋时期。唐代于内侍省下设立掖庭局，专管掖庭宫内事务。当时的掖庭宫位于长安城宫城西部，仅设东西两门，东面以嘉猷门与太极宫相通，南接内侍省，西临宫城西墙，北至西内苑。其南北长1492米，东西宽702.5米，面积约为1平方公里，与东宫大致相同。唐代的掖庭宫具有多重功能，它既是无宠嫔妃和宫女的居所，也是宫女学习女工与诗文的教习场所，还是关押犯罪官僚女性家属和纠察惩治后宫女性的女子监狱。

真相可以被掩埋，可以被篡改，却绝不会消失。千年以后，椒花的歌颂冲破重重阻隔，越过胜利者书写的历史，传进了我们每个人的耳朵里。遥望长安，回眸盛唐。或许，当年紫袍玉带爱武装的公主，已在今天与婉儿重逢，她还会拉着她，再斟一壶美酒，畅叙她们心中的那个天下。

乾陵外的"万国衣冠"

——乾陵六十一蕃臣像

　　唐肃宗乾元元年（758年）春，距"安史之乱"爆发已过去三年有余，而唐军从叛军手中收复长安亦尚不满一年。尽管此时河北大部仍为史思明占据，但停摆许久的唐王朝还是迎来了运转的时刻。

　　是日，莺啼朝阳，春和景明，重回大明宫的肃宗李亨久违地在含元殿召开朝会（图1）。君臣仪容整肃，朝仪盛大，转危为安的李唐政权似乎正在中兴的道路上大步前行。朝会结束后，时为中书舍人的贾至难以掩盖自己激动的心情，提笔写下一首题为《早朝大明宫呈两省僚友》的七言律诗：

图1　大明宫含元殿遗址复原示意图

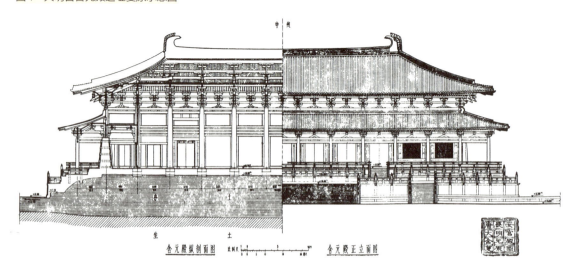

银烛朝天紫陌长，禁城春色晓苍苍。

千条弱柳垂青琐，百啭流莺满建章。

剑佩声随玉墀步，衣冠身惹御炉香。

共沐恩波凤池上，朝朝染翰侍君王。

所谓"两省"，指的是分居于大明宫宣政殿两侧的门下省和中书省，合称"中书门下"。贾至写诗，首先便是为了让自己的同事们欣赏点评，才会在题目里写"呈两省僚友"。按唐朝诗人的惯例，既见他人所呈之诗，则必要有和诗酬答。恰巧著名的"摩诘居士"王维此刻也在朝中为官，还与贾至同为中书舍人，可谓贾诗题中标准的"同僚"。于是，他自然以诗和之，诗名为《和贾舍人早朝大明宫之作》：

绛帻鸡人报晓筹，尚衣方进翠云裘。

九天阊阖开宫殿，万国衣冠拜冕旒。

日色才临仙掌动，香烟欲傍衮龙浮。

朝罢须裁五色诏，佩声归向凤池头。

两首诗的水准不分伯仲，兴许是王维的诗名早已海内咸闻，大家争先传唱他这首《早朝大明宫》，渐渐就把"发起人"贾至的那首忘却了。不过，单就唐人描写大明宫诗句而言，恐怕没有哪句能在气势上压过"九天阊阖开宫殿，万国衣冠拜冕旒"一联。它也因此成为中国考古文博专业学生在学习"大明宫遗址"专题时，最先从老师口中听到的引言。即使历经兵燹，即使"盛唐"已成为永远的回忆，但经历过那个时代的诗人们，依旧能在笔下复刻出它的万千气象，这或许就是"大唐"的底色。

其实，"万国衣冠拜冕旒"的盛况并不只能是王维诗中的艺术表现，而是真切的现实存在。那么，究竟到何处才能觅得"万国衣冠"

呢？要回答这个问题，我们需先去往唐朝皇帝的长眠之处——关中十八陵。

关中十八陵，全称"关中十八唐帝陵"，指的是除昭宗和哀帝两位末代皇帝外，位于关中地区渭水北岸富平、蒲城、三原、泾阳、礼泉和乾县等六县包含武则天在内19位唐朝皇帝的陵寝（图2）。它们分别是乾县的乾陵（高宗和武则天）和靖陵（僖宗），礼泉县的昭陵（太宗）和建陵（肃宗），泾阳县的贞陵（宣宗）和崇陵（德宗），三原县

图2　关中唐十八陵分布示意图

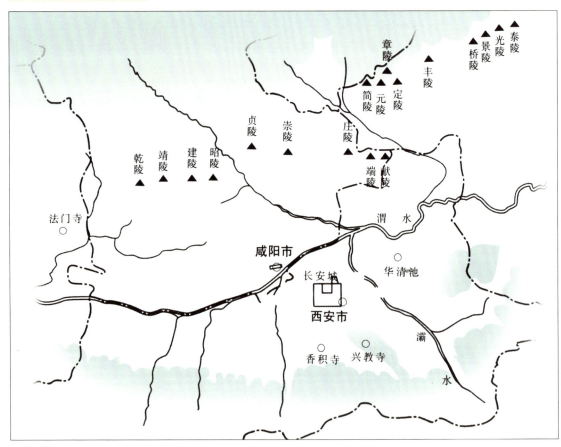

的献陵（高祖）、庄陵（敬宗）和端陵（武宗），富平县的定陵（中宗）、简陵（懿宗）、元陵（代宗）、章陵（文宗）和丰陵（顺宗）以及蒲城县的桥陵（睿宗）、泰陵（玄宗）、景陵（宪宗）和光陵（穆宗）。在这18座帝陵的陵园内外，几乎都存在一处矗立着诸多石人的区域。石人们的服饰外貌大多与汉民族有着显著区别，学术界依据唐人所用名称，通称其为"蕃酋像"。作为唐代帝陵陵园石刻中一类特殊的雕像，它们曾被唤作"客使像""王宾像"或"蕃君长像"，这些名称生动地道出了石像们的身份——蕃之君长、王之宾客。

"蕃酋"二字，顾名思义，就是蕃国的酋长，我们可以更加简单地将其理解为异族或外国的首领。然而，"蕃"在古代中国的历史内涵远没有看上去那般单纯，这还得从华夏观念走向成熟的西周时期开始讲起。

华夏文明在经历数千年的演进后，终于在西周初年迎来了新的发展阶段。武王姬发定都于沣水东岸的镐（hào）京，其子成王姬诵又逐步将政治中心移往伊洛之间的成周，遂如何尊铭文所言般"宅兹中国"。周人认为自己所处的位置是"天下之中"，于是以河洛为中心的黄河中下游地区便有了"中原"的美称，终周一代，"中原"与"中国"是几乎能够完全互用的同义词。在此基础上，周王室首倡以礼乐治国，塑造了此后三千年中国社会规范与国民意识。礼之用，上敬天地，下和四方，在面对各路诸侯时，周王室的自称是"夏"；及至春秋，与周人保持相同礼仪与文化的诸侯国则被统称为"诸夏"或"诸华"。我们至今仍无法真正断言"华夏"一词的原初含义，但"华夏"作为一种民族意识的自我觉醒进程无疑是在周人手中完成的。

伴随着华夏观念的成熟，贯穿古代中国政治生活的"华夷思想"

正式产生了。起初，"华"与"夷"代表着文明的分野，前者是居所固定的农业文明，后者是流播迁徙的游牧渔猎文明。就古代东亚而言，中原是文明程度最高的中心区域，并自然形成对周边地区在经济、政治和文化等领域全方位的优越意识。文明的分界最直观地体现在地理单元的阻隔上，既然有居天地正位的华夏，那与之对应，生活于华夏周边地区的人群就成了"蛮夷"。在长期的民族交往与人口流动中，区辨华夷的方法不断得到完善，最终形成了"东夷""西戎""南蛮"和"北狄"的"四夷"格局，标明与中原地区相对位置关系的"九服"概念亦横空出世。所谓"九服"，指的是除了华夏统治中心——王畿以外的九等地区，"服"取"服事周天子"之意。它们起于侯服，终于藩服，以同心圆的形式层层外延。有关"九服"的最早记载来自《周礼·夏官司马》"职方氏"条：

> 乃辨九服之邦国，方千里曰王畿，其外方五百里曰侯服，又其外方五百里曰甸服，又其外方五百里曰男服，又其外方五百里曰采服，又其外方五百里曰卫服，又其外方五百里曰蛮服，又其外方五百里曰夷服，又其外方五百里曰镇服，又其外方五百里曰藩服。

我们在"九服"的最后一服中见到了"藩"的身影，尽管它比"蕃"字多了三点水，但这两个字可以无障碍地通用。周人之所以将最外围的地区称作"藩服"，是希望这些地方如同藩篱一样屏护周室，这种期望的具象化便是分封制。有趣的是，即使在君主专制达到顶峰的明清时期，同样有"建文帝削藩""康熙帝平三藩"等与"藩"密切相关的历史事件。

不过，"四夷"也好，"九服"也罢，凡事都有不受控制的一面。世事变幻的速度远远超出周王室的预料，周人最初设计的这套精密架构在历史巨浪的反复冲击下变得有名无实：秦汉以后，繁复的"九服"基本只剩下最末的"藩服"还在频繁使用；"四夷"除了在官修史书中以列传的形式为周边民族的历史记录"冠名"外，其在现实生活中逐步脱离了方位上的指向性，反而演变成为充满戏剧性的政治观念。五胡入中原不久，司马氏在琅琊王氏等顶级豪族的支持下衣冠南渡，虽然偏安江左，却仍以"华夏"自居，而视占据着京洛故地的北方民族政权为"狄戎"。到了稍后的南北朝时期，一江之隔的两方更是把政治对抗与华夷之辨空前紧密地结合起来，南朝统治者蔑北朝为"索虏"，北朝统治者斥南朝为"岛夷"，各自皆以独一无二的"正统"自居，互不相让的情形像极了之后的宋辽、宋金对峙，各方无论占据哪半壁江山，都要自称"中国"。表面上看，华夷的论争似乎随着历史发展而愈演愈烈，可若透过现象看本质，华夷的界限实则在日益模糊，因为各政权间以民族身份而展开的相互攻讦，归根结底都是对"中国"和"大一统"的认同与追求，如此催生的反而是不同民族之间愈加紧密的交流与融合。

只有理解了"蕃"的内涵，理解了"华"与"夷"的概念，于此，我们才能真正看懂唐陵前的蕃酋像，真正读懂一个伟大的时代。

唐代以前，除西汉冠军侯霍去病墓前特意安放有"马踏匈奴"和"野人"等涉及人像的石刻外，以皇帝陵寝为代表的各类墓葬前几乎不见石质的人像，反倒多见麒麟、天禄、辟邪等以狮子和老虎为原型的瑞兽与华表、龟趺座石碑等纪念性建筑。即便到了唐代，开国皇帝高祖李渊的陵前也并未设置石人林立的蕃酋像。可见，陵前竖立石像并非中国传统陵寝制度。

开创性地于陵墓前设立蕃酋像的，是位于九嵕山主峰的昭陵。昭陵是唐太宗李世民与文德皇后长孙氏的合葬墓，在其北司马门遗址内的东西廊庑中，安放着"十四蕃酋长像"（图3）与著名的"昭陵六骏"石刻。《唐会要》记载，太宗李世民驾崩后，即位的高宗李治想要彰显父亲的文治武功，所以命令工匠制作了诸蕃君长的写实性石像，并在像座上刻写其身份和官名，陈列在昭陵的北司马门内。遗憾的是，由于千百年来的自然和人为破坏，昭陵的蕃酋像或身首异处，或深埋地下，尽管考古工作者在北司马门遗址内陆续发现了不少石像躯体残块和石像座，但很难将它们一一识别对应，只能根据其服饰和形象特征，初步推测昭陵前的"蕃酋"是来自北方草原、西域、吐蕃、东北亚和南亚、东南亚地区的少数民族首领，努力做到与李世民在位期间开疆拓土、融洽周边部族的历史功绩相吻合。

唐陵前设置蕃酋像的制度虽诞生于太宗昭陵，但它走向鼎盛却是在高宗李治与武则天合葬的乾陵前，也就是我们今天要讲述的主角——乾陵六十一蕃臣像。

乾县以北，梁山之上，龙盘凤翥。匠人们依托山势，仿照长安城的形制建起了巍峨壮观的陵园，园中主陵内长眠着李治与武则天这对前无古

图3-1　乾陵"六十一蕃臣像"（局部）

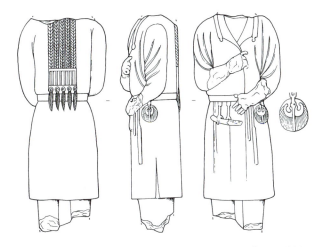

人的"皇帝夫妇"。在陵园正南方朱雀门外、双阙之内，61尊与真人身高相仿的蕃像分列于神道两侧，其中西侧32尊，东侧29尊，合称"六十一蕃臣像"。虽然石像们的装束各不相同，可

图3-2　昭陵"十四蕃酋长像"其一线描图

无一例外保持着"双足并立，两手前拱"的整齐姿势，举手投足间透露着作为臣子的恭敬与谦卑（图4）。

　　对极其讲究对称美学的中国人而言，乾陵蕃臣像的排列方式似乎有些奇怪——哪有设计者会在帝陵神道的两侧放置数量不等的石像？这种直觉式的怀疑并非无根无据，因为无论是乾陵之前的昭陵还是之后的唐代诸帝陵，哪怕上溯到魏晋南北朝时期的帝陵，也没有在神道两侧安置不对称石刻装饰的先例。因此，我们倾向于认为乾陵前的蕃臣像在最初的数量是64尊，东西两侧各32尊。其实，在北宋时期的文字记录中，乾陵蕃臣像就已经只剩下了61尊，或许是唐末五代的纷飞战火令东侧石像中的三尊湮灭在了历史长河之中。

　　先前说到，唐陵前的蕃酋像通常与当时存在的现实人物相对应，换言之，每尊石像都代表着一位真实存在的历史人物。和昭陵的蕃酋像一样，乾陵的蕃臣像在建造之初也会于石像上镌刻姓名和职官等信息以表明其族属和国别，只不过乾陵蕃臣像镌刻铭文的位置被改到石

图4　乾陵"六十一蕃臣像"
年　代：唐光宅元年（684年）至神龙二年（706年）
类　别：不可移动文物·石像
地　址：乾陵（陕西省咸阳市乾县北部梁山上）

像的背后，这仍意味着可以通过观察石像背部的文字来确定蕃臣们的身份。

　　然而，现实情况远没有想象中那么乐观。在经历1300多年的自然风化和人为破坏后，大部分蕃臣像背部的文字早已漫灭不清，仅有七尊石像尚存可见文字，其中又有三尊石像的背部文字较为清晰，研究人员将它们识读为"吐火罗王子特勤羯达健""朱俱半国王斯陀勒"和"于阗王尉迟璥（jǐng）"。

　　三尊石像揭示的地名都属于广义上的西域地区。"吐火罗"是早期定居于天山南北乃至中亚地区的一个构成复杂的族群，学者们常常把天山南麓的龟兹人和焉耆人、吐鲁番盆地的车师人以及塔里木盆地东部的楼兰人都归为吐火罗人，他们说着古老的吐火罗语——一种在印欧语系中已经灭绝的腭音类语言。20世纪初，考古人员在新疆发现了大量写有吐火罗文的残卷，在经过严谨考释后，学者们发现吐火罗语存在着东西两种方言，它们被分别称作"焉耆语（吐火罗Ａ）"和"龟兹语（吐火罗Ｂ）"。朱俱半在中国史籍里常被写作"朱俱波""朱居半"或"朱居盘"等名，是一个由疏勒人担任国王的西域古国，它大致位于今天新疆喀什的叶城县附近，自7世纪初起就与唐王朝保持着密切的联系。于阗国应该是上述三个国家中最为人熟知的了，它地处塔里木盆地南沿，统治中心位于今天新疆的和田地区。于阗国是古代西域信奉佛教的城邦国家，也是唐代安西都护府所辖安西四镇之一，从汉代起便被详细记录在了中国的官方史籍里，名列"西域三十六国"之中。《旧唐书·西戎传》记载，于阗国的国王姓尉迟，名屈密，这和石像背后的文字完全吻合。

除了这三尊背部文字清晰的石像外，我们还有办法确定其他石像的身份吗？答案是肯定的，因为两宋以来诸多学者就已经开始关注乾陵前的蕃臣像了。特别是与唐代相去不远的北宋，尽管经历了五代时期的战乱，乾陵的蕃臣像仍多数幸存，这使得当时学者对它们背后的信息进行详细抄录成为可能，从而为后人弄清蕃臣们的"真身"提供了翔实的资料。幸得历代著录，目前61尊蕃臣像中已有36尊石像的身份得到确认，剩余25尊的身份面貌也在无数研究人员的努力下逐渐拨云见日。从经过确认的36位蕃臣的官衔与姓名来看，他们是唐代安北、安西和北庭三个大都护府管理下的少数民族部族长官以及葱岭以西诸国的部落酋长，简言之，蕃臣们基本都是归附于唐朝的少数民族首领。

在考订前人著述之外，我们还可以通过观察蕃臣像自身的外形特征来揭示他们的身份信息。由于蕃臣像具有极强的写实性，其外貌服饰往往极具地域特色，他们当中有袍服束腰的，有翻领紧袖的，还有披发左衽的……林林总总，仿佛一场"民族服装博览会"。可是，新的难题又随之出现了，乾陵前所有蕃臣像的脑袋都已不知去向。关于蕃臣无头的真相，历来众说纷纭，但大多没有可靠依据。目前，一部分考古学家认为，这61尊蕃臣像头部断裂的主要原因之一是明朝嘉靖年间陕西华县发生的关中大地震，乾陵距离华县只有100多公里，是当时地震的震中地带，陵前石像们的头部便因这场地震而多数损毁了。头部是蕃臣们外貌特征最集中的区域，在头部信息缺失的情况下，仅仅依靠躯干的信息去辨明蕃臣的具体身份已然是"天方夜谭"。

种种研究方法看似皆已穷尽，难道对乾陵蕃臣像的研究只能止步于此了吗？当然不是。先前展示的多是对乾陵蕃臣像本体的研究，如果将这61尊石像当作一项制度，放在唐代帝陵乃至唐代丧礼的视角下来考量，我们又会有新的收获。

虽然在明面上倡导薄葬，但唐朝的皇帝们也和汉朝皇帝一样，重视"事死如事生"的传统——皇帝们在生前居住于长安城的宫殿中，死后当然也要在地下复刻出地上世界的恢宏图景。因此，唐陵在设计和营造之初就贯彻了对长安宫城的仿照。

既然是对长安宫城的模仿，那关中的唐帝陵模仿的究竟是长安城内的哪座宫城呢？要知道，大唐的长安城曾同时存在过三座宫城，时人唤作"三大内"——西内太极宫、东内大明宫和玄宗朝的南内兴庆宫。问题的答案就藏在唐代的丧礼中。众所周知，丧礼是针对逝者举行的一系列仪式活动。在唐代，最隆重的丧礼是天子的葬礼，天子驾崩是国之大丧，与之相关的丧礼便被称作大丧礼。尽管唐朝皇帝们大部分时间是在大明宫内度过的，但自皇帝龙驭宾天的那一刻起，所有仪式就都要在太极宫内举行。显而易见，唐陵建筑布局的参照对象正是长安城的太极宫，陵园即是太极宫（图5）。不过，唐陵再现的可不只有太极宫的布局，还有唐朝皇帝的政治活动，蕃酋像的存在本身即是一种复刻——唐代的各种大典均有蕃酋（蕃君长）随侍左右，将蕃酋们的模样做成石像设于陵园中，实质是为了定格已故皇帝生前的威仪。

如果我们把唐陵和太极宫的平面图对比起来看，便会发现，对应着陵园正南方大门的，无疑是太极宫的承天门。承天门是位于太极宫

图5　太极宫平面图

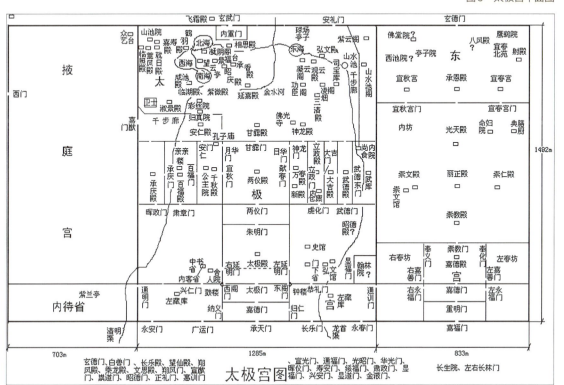

太极宫图

最南侧的正大门，门内为宫城，门外是皇城，它是区别内外的界限，因而在唐代礼仪制度中占据着重要地位。蕃酋像在唐陵中的位置，其实就是蕃酋们参加重大典礼时所站的位置，站位背后实则蕴含着唐代政治生活的波动变化。要体会这种波动变化，自然得"站"在承天门上观测。

承天门在区分内外朝的同时，也以皇帝为中心划分着关系的亲疏远近——越往承天门内走，越是靠近皇帝的内臣，反之则是较为疏远的外臣。太宗昭陵的"十四蕃酋长像"和"昭陵六骏"同处于北司马门内的东西廊庑中，相当于承天门内的宫城。一如《旧唐书·太宗本纪》所载，贞观十三年（639年），李世民率领宗室子孙、诸侯百官和蕃夷君长拜谒高祖李渊的献陵，上述人等皆陪列于献陵的司马门内。献陵的司马门同样相当于太极宫的承天门，也就是说，太宗李世民在位期间，并没有将身为"典型"外臣蕃酋们与其余"内臣"做严格区分，这种没有内外之别的规定同样体现在了昭陵的设计中，也就是今天我们所看到的位于北司马门内的蕃酋长像。

发生变化的时间恰恰在其后的乾陵。对乾陵而言，相当于承天门的重要大门是陵园正南方的朱雀门，而61尊蕃臣像被移到了朱雀门外和双阙之间的位置。在长安城里，承天门外也建有一对巍峨的三出阙。为何在这时，蕃臣们被象征性地"请"到了宫城外头呢？这或许与当时君臣态度的转变有关。据记载，高宗李治曾在温泉宫举办了盛大的围猎活动，诸蕃酋长都背着弓、拿着箭参与其中，时为宰相薛元超见此情形，忧心忡忡地认为"既非族类，深可为虞"，他以此向李治谏言，认为蕃酋携带武器狩猎会威胁到皇帝的安全。李治虽然采纳了他的谏言，但并没有因此改变蕃酋长参与各种仪典的范例。唯一的变化就是乾陵中蕃臣像的位置被往外移了。我们没有理由认为是薛元超的进谏造成了乾陵蕃臣像"站位"的改变，但通过他的话，或多或少能感受到高宗时期君臣对蕃酋们的警惕与提防，这大概是促使蕃臣像移到"宫门"外的根本原因。这一微妙的变化同样为之后的中宗定陵所继承，但尚未形成见诸典章的礼制。

到玄宗开元初年营建睿宗桥陵时，蕃酋像的位置被进一步移动到了阙楼之外、相当于承天门双阙外的位置，自此形成定制，直至唐末，蕃酋像始终位于唐陵的第一对门阙之外。究其原因，多半在于玄宗时代首次确立了皇帝大丧礼时"蕃酋长列于承天门外"的礼仪制度，与蕃酋长同在承天门外的，还有僧人和道士，他们都是大唐礼制中规定的"外"。

作为见证唐王朝政治变迁的一面镜子，蕃酋像还有更多值得一探究竟的地方。倘若我们将视线放在承载蕃酋像的底座上，便会惊奇地发现，昭陵和乾陵蕃酋像的底座所采用的是极为稳固的凹槽座，即先在像座上挖个坑，而后将整个石像塞进去。唐中宗定陵的蕃酋像由于只发现了几件残块，所以暂时无法确认石像和像座的联结方式。然而，自唐睿宗桥陵起，蕃酋像的制作方式突然变得简单起来，工匠们通常先把像座挖个洞，再在石像底部制作一个凸起的部位，最后将两者如榫卯般结合在一起，形成了本土化的"榫卯座"，并被一直沿用到晚清时期。

从昭、乾二陵到桥陵，蕃酋像及座的联结方式所发生变化，恰好能够解释我们最初的疑惑——为何独独到了唐代，中国才建立起陵前树立石像的墓葬制度？实际上，无论是陵前的石像，还是石像最初的凹槽座，其源头都来自欧亚草原的游牧文明，唐陵蕃酋像的许多特征也都能和北方草原地区用于殉葬的突厥石人产生关联。但是，就和凹槽座被同化为榫卯座一样，唐人对来自草原的石人进行了彻底的本土化改造，于是诞生了具有独特唐风的"蕃酋像"。

仔细想来，蕃酋像何尝不是大唐的模样？突厥、回鹘、粟特、吐蕃、渤海、高句丽……无数服饰、面貌大相径庭的人汇聚于长安，一如国境四方的蕃君长们列阵于陵前。高山与大海、草原与农田，长城内外，山河表里，皆唤作"唐"。纵有百川九曲纵横，也终要殊途同归，汇入大河，流入大海，就像敞开胸怀拥抱世界的隋唐时代——因为包容，所以自信；因为开放，所以富强；因为文明多彩，所以空前辽阔。

包容与开放是中华民族古老的智慧结晶，也是中国人民贡献给世界的精神财富，它辉煌于过去，也亮丽在当下。1953年12月31日，周恩来总理在接见印度政府代表团时，首次完整地提出了著名的和平共处五项原则，之后被阐释为：互相尊重主权和领土完整、互不

知识小卡片·失落的唐陵

与关中十八唐帝陵不同，唐昭宗李晔和陵、哀帝李柷（chù）温陵并不位于关中地区。其中，昭宗和陵位于今河南省洛阳市偃师区缑氏镇的景山之侧，20世纪70年代，当地村民为了扩大耕田，将和陵的陵台夷为平地，陵前的神道石刻亦多散失，到1984年第二次全国文物普查时，和陵的地表建筑已荡然无存。哀帝温陵的具体位置至今不明，一般认为其位于今山东省菏泽市定陶区。二帝生于唐末，先后为五代后梁开国皇帝朱温所弑。由于昭宗受朱温胁迫，于天复四年（904年）迁国都于洛阳，故他与之后的哀帝皆未能归葬关中，只在战火纷飞中草草下葬，令人唏嘘。

侵犯、互不干涉内政、平等互利、和平共处。此后，毛泽东主席更于1957年在莫斯科向全世界庄严宣告，中国坚决主张一切国家实行和平共处五项原则。今天，和平共处五项原则已逐步为全球大多数国家所接受，它不仅在各国大量的双边条约中得到体现，还被许多国际多边条约和国际文献所确认，成为名副其实的国际外交准则。在2023年举办的杭州第19届亚运会开幕式上，面对从战火中走来的叙利亚代表团，中国观众向他们送上了最热烈的掌声与呐喊。无独有偶，在之后的亚残运会开幕式中，中国观众同样给予了仅有7人入场的巴勒斯坦代表团雷鸣般的掌声。中国的支持，让万里赴约的代表团成员们有了全力拼搏的底气和勇气，流淌于中华儿女骨血中的，从来都是这样以和为贵、庇护弱小的品格。就像叙利亚总统巴沙尔·阿萨德在接受采访时说的那样："中国伟大而谦逊。"

回望乾陵前林立的六十一蕃臣像，他们当中大多在唐廷内任至三品以上的高官。这说明，在唐高宗李治和武则天的统治时期，唐王朝周边少数民族首领在朝廷中任职的情况已经十分普遍。许多经过著录的乾陵蕃臣像衔名前甚至带有"故"字，这说明部分蕃臣早在李治和武则天驾崩前就已薨逝，但仍以唐朝高级官员的身份成为丧仪的组成部分。

据统计，有唐一代，在朝为官的外国人超过了3000人，其中官至宰相一级的外国人多达23个。数量众多的外国官员，非但没有改变大唐的底色，反而令这个时代更加丰满和壮丽。或许，大唐真正了不起的，正是它能承载天下人的伟大襟怀。盛唐之"盛"，也正在于海纳百川的雄浑气魄和各族儿女的紧密团结。

蕃酋像没有停下本土化的脚步，它最终成为宋代皇陵前的"客使像",并一直延续到明清时期。我们不禁感叹,唐陵前的蕃臣像还有太多太多留待探索的问题,蕃酋像的排列是否与各蕃(番)邦存在地理位置上的逻辑联系?在蕃酋像内部会不会依据蕃(番)邦和唐王朝的亲疏关系再做进一步的排列?如此种种,至今尚未得到合理解释。或许在将来的某一天,有关蕃酋像们的谜底会全部揭晓。到那时,我们不妨站在春色浸染的司马道上,再睹大唐风采。

万家灯火明

中国最早的剧本什么样子?

——焉耆语《弥勒会见记》剧本残页

得益于如今科技的进步，我们的娱乐方式变得空前丰富。很多人喜欢观看题材各异的影视剧，也有人更乐意走进剧院，身临其境地观看一场精彩的戏剧演出。其实，古时的人们也有属于他们的戏剧表演，如宋代的南戏、元代的杂剧、明代的传奇以及清代的地方戏……我们耳熟能详的《张协状元》《西厢记》《樊江关》等，就是不同时期流传下来的戏曲作品。你是否好奇，中国最早的戏剧作品诞生于什么时候？它又诞生在哪里？回到唐代西域的焉耆，我们便能找到答案。

8世纪的某天，在焉耆的一座普通寺院内，善男信女云集于此，进行忏悔和布施，为死去的亲人举行超度的法事。夜幕降临，寺院内即将举办一场精彩的佛教戏剧表演——《弥勒会见记》。此次演出取材于信众们都熟悉的小乘佛教经典，即未来佛弥勒的生平事迹。表演者们通过扮演释迦牟尼、弥勒、跋多利婆罗门、王阿那律、摩诃罗倪等角色，为信众展示了弥勒菩萨在兜率天和清净国土的各种趣事见闻。

故事以毗沙门天（佛教的北方保护神）手下三员大将之间的对话开始。演员们通过三人之间的对话，告诉观众天中天释迦牟尼佛成道后，正在摩揭陀国孤绝山说法。此时，自幼聪颖的弥勒，正随跋多利婆罗门修行，他深得佛陀释迦牟尼的赏识。于是，帝释天派天神分别给跋多利婆罗门和弥勒托梦，两人便得知了释迦牟尼讲经说法一事。

尽管跂多利婆罗门也想拜谒释迦牟尼以求功德，但因年岁已高，体弱多病而无法前行，于是他派弥勒、阿耆多等门徒16人，代表他向佛陀问道。弥勒与同伴告别老师后，一起前往释迦牟尼处出家学法，顺利成为他的弟子。此后，释迦牟尼来到波罗奈国说法，其姨母憍昙弥夫人为他专门织了一匹金色袈裟布，他不愿接受，劝她施与其他僧人。等到某一日，释迦牟尼演说了未来佛的故事，弥勒听后表示愿做未来佛，并竭尽全力让众生脱离苦海。戏剧至此，为序幕至第四幕的情节。

从第五幕开始，述说的则是弥勒在人间的故事。弥勒心中怜悯世间受苦的芸芸众生，于是降生在翅头末城的一户人家里。后来，弥勒因见宝幢被毁，顿觉世事无常，遂离家寻道，并在龙花菩提树下得成正觉。从而得以在鹿野苑转动法轮、普度众生。

第二十至二十五幕则描述了大小地狱及弥勒入地狱解救广大受苦众生的事迹。尽管故事内容多来自深奥的佛经，但演员们生动鲜活的演出依旧深深吸引了信众们的眼球。整场戏剧表演运用通俗易懂、生动活泼的舞台演绎方式，成功达到了弘扬佛法的目的。

图1　明屋千佛洞遗址（局部）

随着时间的流逝，此剧本被深埋至黄沙之中。直至1974年，在新疆维吾尔自治区焉耆县的七个星千佛洞附近（图1），人们发现了一叠文书残卷，这就是我们今天所见的焉耆语（又名吐火罗A）本《弥勒会见记》（图2）。剧本被发现时已被烧残，残卷共44页，每页两面都用工整的婆罗谜

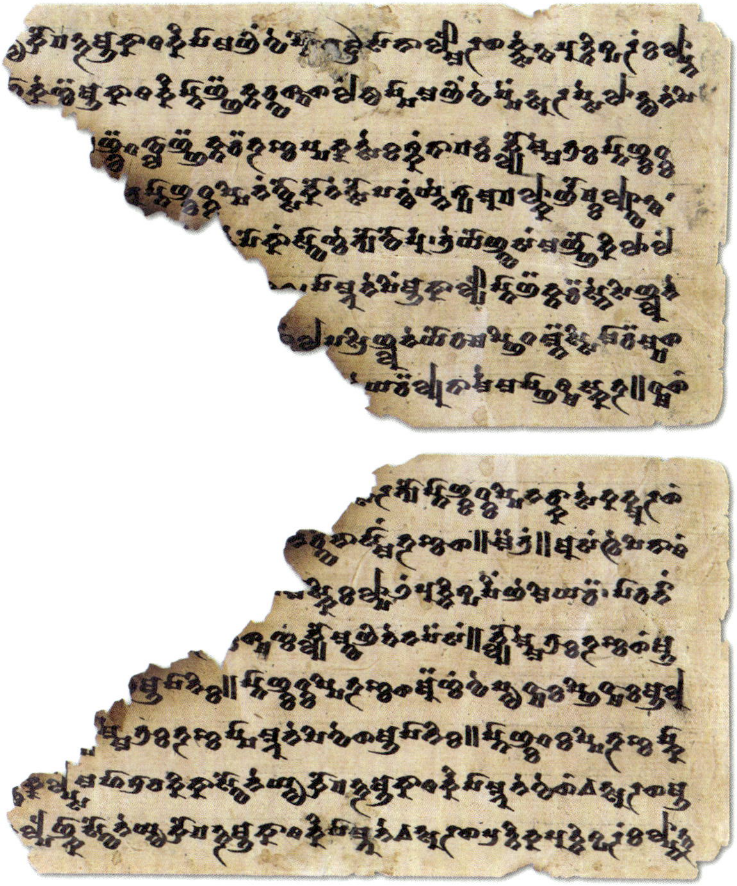

图2　焉耆文《弥勒会见记》剧本残页
年　代：唐代中期（8世纪）
类　别：可移动文物·纸质文物
藏　地：新疆维吾尔自治区博物馆

字母墨书写成，书写后似曾涂抹一层疑似蛋清的黏质液体以保护字迹。因此，剧本至今字迹清晰、墨色如新。在此之前，戏曲史家们普遍认为中国最早出现的戏剧文学是南宋的南戏，而《张协状元》则是中国古代最早的戏曲剧本。日本学者青木正儿亦在《中国近世戏曲史》中写道："戏曲在唐以前殆无足论，宋代稍见发达。"《弥勒会见记》的发

知识小卡片·梵剧

梵剧是印度的古典戏剧，也是世界三大古剧之一。梵剧有两种题材来源，一是史诗和传说故事，二是现实生活。后者以刻画都市世态人情为主，代表剧目为《小泥车》。此外，还有如《马鸣戏剧残卷》等宗教宣传作品。在悲、喜、正三种戏剧审美品类中，梵剧与藏戏基本一致，同属于悲喜相参的正剧式审美风格。据传，古典梵语的戏剧起源于公元前8世纪的古印度，但目前仍未发现流传下来的剧本，现存剧本的时代均在公元后，最早的是1~2世纪中天竺佛教诗人和戏剧作家马鸣创作的三部戏剧残卷，该残卷证实当时的古典梵语戏剧已处于成熟阶段。

现，将中国戏剧的起源往前推了将近4个世纪。

值得一提的是，在《弥勒会见记》发现之初，海内外学者对于它的文本属性有着不小的争议与论辩。有学者认为它只是讲唱文学，即是一种连讲带唱的文艺形式，而中国著名学者季羡林则认为它是剧本。他的理由很充分：其一，该写本题目全称为《Maitreya Samiti Nataka》，其中Nataka出自梵文，意为"戏剧"；其二，文本中还含有表演所必需的术语，包括环境提示、幕间插曲等，且在需要演唱的地方标注了曲调名称。最终，他给出了令众人信服的判断："既然自称是剧本，又用'幕'这个字，那么它不是剧本又是什么呢？"

除此以外，根据写本中的题跋，我们不难得知，该剧本是焉耆著名佛教大师圣月的译著，他根据印度文本将该剧改译为了古代焉耆文。至此，我们也能理解为何最早的中国戏剧题材与佛教密切相关了。魏晋时期，来自古印度的佛教在西域地区已广为流传，并形成了吐鲁番（高昌）、龟兹（库车）和疏勒（喀什）等远近闻名的佛教文化中心。

由于宗教传播的实际需求，这部脱胎于佛经的剧作亦随着佛教东传的脚步，沿着丝绸之路，来到了新疆地区，广泛地传播开来，受到人们的欢迎（图3）。

图3　佛教传入中国的路线示意图

佛经中的经典故事同样对中原地区的戏剧表演产生了深刻影响，成为宋代以后戏剧演出的重要题材。宋代孟元老《东京梦华录》就记载了中元节时开封勾栏上演的《目连救母》杂剧，"目连僧救母"的故事正出自《佛说盂兰盆经》。

今天，这件中国最早的剧本残页收藏于新疆维吾尔自治区博物馆的展厅中，我们随时可以去一睹它的真容。这场唐朝时风行西域的剧目，不仅在中国戏剧史上留下了浓墨重彩的一笔，也见证了佛教东传与兴盛。无论在任何时代，对真、善和美的追求都是人们心中永恒的理想！

马球场上的巾帼英姿

——彩绘陶打马球女俑

　　大唐景云年间，梨园球场内，一场激烈的马球比赛正在举行，身着紧身衣物的宫女们骑马列于场地两侧，剑拔弩张地对峙着。只听得一声令下，双方同时纵马飞驰，骏马风驰电掣，七宝彩毬凌空翻飞。说时迟，那时快，一位宫女跃马当前，手中球杆已然接近小球，可只一恍神，另一位宫女便拍马赶上。取得主动权的她不敢懈怠，急忙挥动球棍，朝着球门的方向猛击小球。可惜，由于准头不行，小如拳头的马球与球门擦肩而过。两方众人见状，再度追逐起来……浮生一场，惊心动魄，却也惹人青睐。

　　半个多时辰后，这场酣畅淋漓的马球赛终于告终。球场中"嘭嘭"的击球声与周遭"咚咚"的击鼓助威声似犹在耳，引得场边意犹未尽的观众们纷纷喝彩。受恩至梨园观看球赛的沈佺期深受感染，即兴应制赋诗。其诗流传至今，后人读罢如身临其境：

　　今春芳苑游，接武上琼楼。

　　宛转萦香骑，飘飖拂画球。

　　俯身迎未落，回辔逐傍流。

　　只为看花鸟，时时误失筹。

　　除了沈佺期的这首《幸梨园亭观打球应制》外，唐代还有许多描写马球运动的生动诗篇。唐人李廓《长安少年行》只用"长拢出猎马，数换打球衣"十字，就将唐代长安少年马球竞技的意气风发尽收眼底；韩愈的《汴泗交流赠张仆射》"球惊杖奋合且离，红牛缨绂黄金羁。侧身转臂著马腹，霹雳应手神珠驰。超遥散漫两闲暇，挥霍纷纭争变化"，是唐代军中马球竞赛的传神刻画；王健则将女子打马球的飒爽英姿融入《送裴相公上太原》里，一句"千群白刃兵迎节，十对红妆妓打球"，颇具"不爱红装爱武装"的巾帼英气。

如今，阅读各种诗文畅想唐人打马球风姿之余，我们还能走进中国国家博物馆，欣赏一组唐代韦洞墓出土的彩绘陶打马球女俑，怀想唐代的马球盛景。这组陶女俑共有5件，通高32～36厘米，女俑身穿翻领外衣，脚蹬长靴，骑跨骏马，左手挽缰，右手握拳。尽管陶俑手中的木质鞠杖等配件已朽失，但从陶俑的姿势来看，应是手执球杖、准备侧身俯击的状态。透过她们灵动的身姿，我们仿佛已经感受到了唐代马球比赛的激烈氛围（图1）。

图1 彩绘陶打马球女俑
年 代：唐代（618~907年）
类 别：可移动文物·陶质文物
藏 地：中国国家博物馆

何为马球？马球，又名"打球""击球"或"击鞠"，是一种古老的群体性运动项目。古代马球的球场大小不等，但都要求平坦，以便跑马驰骋。高端些的球场甚至还会在场地上洒油，使之更加光滑。唐宋时期马球比赛基本没有固定的人数限制，若干人通常分作两队，皆骑马手持球棍，将球击入球门即算获胜，裁判还会在赛前宣布比赛奖品，以调动参赛者的积极性。马球所用球门很有特点，与现代足球比赛大相径庭：其一，马球球门的数量不固定，往往依据参赛人数的多寡设置一至两个；其二，马球球门通常为一块中间挖有圆洞的木板，圆洞后设有盛球网，这种进球方式与高尔夫有接近之处。

球杆与球是当时马球运动重要的组成部分。前者在唐代被称作"球杖"或"鞭杖"，作为参赛者手臂的延伸，马球的球杆在制作上很有讲究，其杖身通常为木质，杖头顶端会做成形似月牙的弯曲状，以此挡住急速飞来的球体，这有点类似今天的冰球球杆。有的球杆还会在外面包一层兽皮，《金史》中就有金宣宗贞祐三年（1215年）七月"工部下开封市白牸取皮治御用杖"的记载。马球的比赛用球一般为拳头大小的空心状球体，由掏空内部的硬木制成，球体表面常雕刻精美纹饰或涂绘彩漆。

作为一项竞技体育运动，马球风靡唐代社会，唐代宫城及禁苑里大多筑有打马球的场地。1956年，考古人员在西安的唐代长安大明宫遗址中发现一块石碑，上面就刻有"含光殿及毬场等大唐大和辛亥岁乙未月建"的字样，考古学者将其命名为"唐大明宫含光殿球场奠基石"（图2）。此外，许多达官

图2　大明宫含光殿球场奠基石

贵人也会在自家建有专门用于打马球的球场，如德宗时的司徒兼中书令李晟在长安永崇坊的家中就有自建球场。唐代军队中也热衷于此项兼具娱乐与训练功能的运动；吟诗作赋的文人雅士们也同样如此，唐代的新科进士甚至有到著名球场月灯阁打马球展风采的习俗。

当时，社会上涌现了许多"马球达人"，其中就包括唐玄宗李隆基，他24岁时曾在长安大明宫西侧的梨园球场迎战吐蕃马球队并取得胜利（图3）。不过，唐代的马球可不是一项专属于上流社会的运动，它在闾巷乡曲间也十分受欢迎。对于没有条件建设球场的百姓们而言，只要心中有球场，哪里都是球场。稍微宽敞些的空地就是打马球的好场子，哪怕是街头巷尾的狭小地段，也能时不时见到打马球的人们。唐人封演《封氏闻见记》中就载有"昨升仙楼有群蕃街里打球"，长安住民竟然会在街市中打球，更能说明马球运动在有唐一代的流行程度。

图3 《明皇击球图》

知识小卡片·蹴鞠

蹴鞠，又名"蹋鞠""蹴球""蹴圆""筑球""踢圆"等，"蹴"有"用脚蹴、蹋、踢"的含义，"鞠"最早系外包皮革、内实米糠的球。可以说，蹴鞠是现代足球运动的前身。相传，蹴鞠早在战国时期已流入民间，至汉代更成了军中用以练身习武的大型运动。唐宋时期，蹴鞠发展到鼎盛阶段，城市里经常出现"球终日不坠"的情景，宋代还出现了蹴鞠组织与蹴鞠艺人。及至清代，冰上蹴鞠开始流行。

有趣的是，如此火热的马球运动，其发源地却很有可能不在中国。今天，学术界一般认为马球运动起源于波斯（今伊朗），后向西传入欧洲，向东传入印度和中国，再由中国传至朝鲜和日本等地。但也有部分学者认为，马球运动的源头在中国西藏，因为马毬别称"波罗毬"，其英文名称"polo"便来源于此。不过，"polo"可不是英语的原生词汇，从语言学的角度出发，"polo"一词的语源是藏语，而后为欧亚许多民族借用。《封氏闻见记》曾记载过一则有关唐太宗李世民的趣闻："太宗常御安福门，谓侍臣曰：'闻西蕃人好为打球，比亦令习，会一度观之。昨升仙楼有群蕃街里打球，欲令朕见。此蕃疑朕爱此，骋为之。'"文中的西蕃人基本指向吐蕃

人。唐代的许多史料也都对吐蕃人善于打马球有所记述，这至少说明，居于青藏高原的吐蕃人较早地接触了马球运动，并已形成比较普遍的大众喜好。

伴随着唐王朝对西域的持续经略，长期畅通的丝绸之路焕发生机，带动了各民族之间的双向融合，东西方文化的交流也由此而空前繁荣。马球运动在东土大唐的勃兴与繁盛，离不开西域游牧民族通过丝绸之路进献的骏马，离不开吐蕃君臣在长安内外屡屡掀起的马球风尚（图4）。无论这项运动起源于何处，它都代表了一个包容开放、波澜壮阔的伟大时代。

图4 "胡人打马球图"壁画

"夜光杯"的真相

——镶金兽首玛瑙杯

今天，我们能在市场上看见不同类型的酒杯，如葡萄酒杯系列中的白兰地酒杯、适于饮用香槟的郁金香形杯和常用以盛装气泡酒的长笛形杯……在博物馆中，我们也能见到爵、角、觥（gōng）等形式各异的古代酒具。对于"觥"这类酒器，我们应该都不陌生。欧阳修在《醉翁亭记》中就写过"射者中，弈者胜，觥筹交错，起坐而喧哗者，众宾欢也"的千古名句，宋代编成的文言纪实小说集《太平广记》里也收录了一篇有关"觥"的文章（图1）。

图1　西周铜折觥

这篇故事来自《纂异记》，名为《张生》，它的大致情节是：因饥寒所迫而告别妻子游于河朔地区五年的张生，回家时竟窥见其妻在草莽中参与陌生宾客夜宴。席间，宾客要求她行酒令，并唱歌取乐助兴。歌毕，张生以一瓦片击中一长须宾客头部，又扔一瓦击中其妻。突然，所有人不见了踪影，归家后方知所见是妻子梦中生魂外游。文章中多次提及"抛觥"一词，其实这是饮酒时对不遵守规则者的惩罚方式。那么，究竟何为"觥"？"觥"在中国古代最早指用兽角制的酒器，后世有用木或铜制的。《说文解字》释曰："兕牛角，可以饮者也。"如今，用牛角装酒的古风还存在于部分少数民族的日常生活中。

在陕西历史博物馆中就有这么一件与"觥"相似的器物，名为镶金兽首玛瑙杯（图2）。1970年，该器物发现于何家村窖藏。它用褐红色且夹杂着橙黄、乳白色缟带的玛瑙制成，上口近圆形，往下逐渐收拢，于末端雕刻出一个羚羊形状的兽首，兽嘴有流，并插入一可以卸下的金质帽嘴。当在特定场合使用时，持杯者将装满酒的玛瑙杯举起来，与眼睛齐平，巧妙地倾斜，这样从羚羊嘴里涌出的一大股酒就会喷洒到饮酒者的嘴里，颇有豪饮的气概。有人说这是中国本土的角状酒具——觥，但更多的学者认为，它更像是西方的来通杯。

来通杯最初起源于两河流域，后传播至伊朗。波斯战争期间（前492~前449年），希腊人接受了这种器形，称之为"Rhyton（来通）"，该词是自希腊语"rhéo（流出）"派生出来的词汇。作为饮酒或祭

图2 镶金兽首玛瑙杯
年　代：唐代（618~907年）
类　别：可移动文物·玉质文物
藏　地：陕西历史博物馆

图3　鹅喉羚

酒的容器，来通多以牛、马、鹿等犄角动物的兽首为基本造型，兽嘴部即为出水口。来通在希腊和波斯文化范围内一直使用到中世纪早期，随着希腊文明的广泛影响，它开始向亚洲传播，从美索不达米亚传播至外阿姆河流域一带。6~8世纪，中亚出现了这种器物最后的流行潮。

　　由于何家村出土的兽首玛瑙杯是孤品，它的发现引发了关于其来源地区的激烈争论。大多数学者们认为它是西方舶来品。首先，从兽首形象来看，其眼睛圆而有神，耳朵翘而后延，角生于额顶且基部靠近，呈褐色并夹杂白色，这些特征与中西亚地区的鹅喉羚很是相像（图3）。因此，我们推测制作这件玛瑙杯的匠人很可能就生活在西域一带，非常熟悉这种动物，才能将之雕刻得如此惟妙惟肖。其次，从制作的材料上来看，当时权贵所用高档玛瑙制品多来自西域。文献记载，丝绸之路上盛产玛瑙又流行来通杯的有康国、吐火罗、波斯等国，它们均向唐廷进献过珍贵的玛瑙器，吐火罗甚至进贡过玛瑙原石。《旧唐书·康国传》载，开元六年（718年）康国遣使贡献"锁子铠、水精杯、玛瑙瓶、鸵鸟卵及越诺、侏儒、胡旋女子"。

　　这件域外器物究竟是如何传入中国的呢？中古时期，随着丝绸之路的畅通及东西方联系的日益密切，众多来自中西亚的胡人沿着丝绸之路来到中国，并将具有希腊风格的西方艺术品，如银器、珠宝、宝石雕刻品等带入中国，这件镶金兽首玛瑙杯很可能就是由粟特人带来的。粟特人是唐代前半叶西方奢侈品的主要提供者，唐宋时期的汉文史籍常将其称作"昭武九姓"。粟特地区处在中亚西部丝绸之路干线上，粟特人因之成了贯通东西的商业民族，他们活跃于陆上丝绸之路最繁荣的汉唐时期。在粟特人墓葬制品中，我们也能时常见到胡人持角杯宴饮的场景，如美国波士顿艺术博物馆所藏的北齐画像围屏石榻，其右侧就刻画了主人于葡萄架下手举兽首杯宴饮的情景，画面里的兽首杯应当就是来通杯。在中国境内发现的北朝粟特人墓围屏石榻中的饮酒场面也常见来通酒具。可见，伴随着粟特人入华的脚步，来通杯亦沿着陆上丝绸之路向东传入中国。

对自幼熟习唐诗的中国人而言，王翰的《凉州词》可谓家喻户晓："葡萄美酒夜光杯，欲饮琵琶马上催。醉卧沙场君莫笑，古来征战几人回？"相信很多人在读到"夜光杯"一词时，脑海内关联的基本是如同今日高脚杯般的形象。毕竟，提及饮用葡萄酒，大家第一时间想到的只会是今天这种最常见的杯形，甚至连敦煌一带也都把高脚杯形制的玉杯称为"敦煌夜光杯"或"阳关玉杯"，并将其作为本地名产向外推广。事实上，唐人口中的"夜光杯"正是自西亚东传至中国的来通杯。因为在唐代通行的中古汉语里，"来通"的发音与"夜光"近似；又因来通杯多用玛瑙等有一定透明度和光泽度的玉髓类矿物制成，所以唐人便把这种舶来的角状酒具叫作"夜光杯"。如果我们只是用现代汉语的语音语调去看待被雅化为文学意象的夜光杯，就很难追寻到其背后的真相。

"来通"与"夜光"，两个看似无关的名词，却因繁华的丝绸之路被紧密联系在一起，甚至成为妇孺皆知的盛唐意象。来通杯入华后逐渐得到了国人的喜爱，并广泛现身于上流社会的宴饮场景中。陕西三原焦村出土的贞观五年（631年）李寿墓石椁外壁《侍女图》中，侍女手持的酒杯正与何家村的兽首玛瑙杯十分相似。她持杯的方式是很独特的水平状，如此就使得器物的兽首部面向了她，这和目前所见来通的造型几乎一致（图4）。李寿是唐高祖李渊的堂弟，身为李唐宗室的他被封为淮安王，可见来通这类酒具在当时的贵族阶层中是比较流行的。

　　传统造型的来通杯需要使用者在饮酒时躺卧，以便于杯中酒流入口中，这和中国固有的饮酒习惯存在差异，因而中国人在借鉴来通造型的基础上对其进行了改进，使其向杯形器发展。陕西历史博物馆藏南郊唐墓出土的三彩象兽杯就是流嘴在上部，象鼻卷成把手的形式。但也有学者认为，来通杯的"中国化"是因为制作者缺乏对西方文化的了解，所仿制的器物已经是失去实用性的观赏品，是当时人们对异域文化关注与想象的体现。

　　在中国历史上，唐朝是一个开放的王朝，在其统治的近3个世纪中，周边地区和国家的人们远跋重山，将远方的鸵鸟卵、锁子铠、水晶杯、

图4　李寿墓石椁内壁线刻《侍女图》

玛瑙瓶、侏儒、胡旋女子等带入中原大地，这件镶金兽首玛瑙杯亦在其中。我们甚至可以展开想象，在埋入地下之前，这只来通杯曾盛满葡萄美酒，被握在某位达官贵人的手中，伴随着韵律激昂的琵琶乐和胡腾舞的曼妙与浪漫，见证着唐代的歌舞升平与流风遗韵。

知识小卡片·昭武九姓

昭武九姓，亦称九姓胡，是南北朝至隋唐时期中国对中亚锡尔河以南至阿姆河流域的粟特民族和绿洲国家及其来华后裔的统称，"昭武"之名源于当时中国认为他们的始祖以"昭武"为王姓。不同史料对"九姓"的记载并不一致，《隋书·西域传》记为"康、米、史、曹、何、安、穆、那色波、乌那曷"九姓，《新唐书·西域传》则记为"康、安、曹、史、米、何、石、火寻、戊地"九姓。昭武九姓中侨居中国者甚众，多以经商为业，亦有以医术、乐舞等为生者。9世纪以降，九姓胡渐伊斯兰化，昭武诸国遂不见于史书记载。

念念不忘照影来

——四鸾衔绶纹金银平脱镜

镜子是重要的日用品，我们几乎每天都需要对着镜子梳妆打扮。爱美之心人皆有之，照镜子同样是古人的日常。不过，他们所用的镜子与今天常见的镀银玻璃镜不同，随着时代发展，镜具也在不断更新。在远古时期，人类以天然的水面为镜，或用大盆盛水来照面，这大盆便被称为"监"。《说文》有载："监可取水于明月，因见其可以照行，故用以为镜。"所谓"监"（甲骨文" "；金文" "）也就是一个会意

图1　铜镶绿松石错金几何纹方鉴

字：人弯着腰，睁大眼睛，从器皿的水中照看自己的面影。自铜器出现后，人们开始用铜鉴盛水照面（图1），"监"也就有了金字偏旁，并演化为"鉴"。秦汉时期，随着铜镜铸造技术的日臻成熟，"以水作鉴"渐渐被人们淘汰。人们开始制作圆形、方形、菱形和葵花形等造型各异的铜镜。铜镜因存世量大和镜背纹饰精美等原因，成为当前各大博物馆的"常驻嘉宾"。

在陕西历史博物馆中，就有这样一件精美的铜镜，它名为四鸾衔绶纹金银平脱镜（图2）。镜为圆形，直径22.9厘米，中心为圆形镜钮，钮外一周用银片贴饰由荷叶、荷花、花苞组成的图案，四周并以金丝同心结环绕。镜背的主题纹饰为四只口衔绶带逆时针飞翔的鸾鸟，为金片刻镂粘贴而成，四只鸾鸟头向上昂，足向后蹬，双翼展开，腾空而起，整个造型栩栩如生。鸾鸟的细节处理更是匠心独运，其翎羽被刻画得十分逼真。四只鸾鸟间还饰以团花形银片，边缘又环绕一周金丝同心结。

鸾鸟，因生长在古时的鸾州（今洛阳栾川县）而得名，是古代传说中的神鸟。自古以来，鸾鸟就

图2　四鸾衔绶纹金银平脱镜

年　代：唐代（618~907年）
类　别：可移动文物·铜质文物
藏　地：陕西历史博物馆

被认为是能够带来幸福的吉祥鸟。《山海经》载，鸾鸟一出，则天下太平。而绶带实为一种丝质的带子，"绶"与"寿"谐音，象征着健康长寿。因此，四鸾衔绶纹有着吉祥、长寿的寓意。不仅如此，这类镜子还是君臣之礼的见证。唐玄宗在位时，将自己出生的农历八月初五定为"千秋节"，寓意"千秋万代"。每逢此日，朝野同欢，臣子们会向玄宗皇帝敬献早已备好的千秋镜，而皇帝也会将御制的千秋镜回赠给臣子。李隆基在《千秋节赐群臣镜》中写道："台上冰华澈，窗中月影临。更衔长绶带，留意感人深。"诗文提及的"更衔长绶带"在四鸾衔绶纹金银平脱镜的纹饰上就有体现，此类镜子或许就是玄宗赐予臣下的御用之物。

值得注意的是，该镜背面由黑漆作底，这使得金银饰片在黑色背景的映衬下显得华丽夺目。我们平时常见的铜镜，多是直接于青铜底上镌

图3 马王堆三号汉墓东椁箱出土漆奁、盒

刻纹饰，采用髹（xiū）漆工艺的铜镜较为罕见。提及漆器，我们想到的往往是博物馆中战国至两汉种类繁多的绚丽器物，从杯盘茶盏的小型生活用具到几案屏风的大型家具，从弓箭甲胄等军需用品到棺椁等丧葬用具，它们身上或多或少都有着漆器的影子（图3）。因此，这面铜镜最珍贵的地方，就在于镜背所采用的髹饰工艺，我们称之为"金银平脱"。

何为"金银平脱"？从字面上看，它是一种金银装饰技法。早在汉代，用金银箔贴花的装饰工艺就已诞生，当时的工匠们会将金银锤打成薄片，然后将其裁剪成不同的纹样，粘贴在器物表面。然而，由于金银箔片质地轻薄，难以粘贴牢固，在使用中容易磨损脱落，唐代的工匠便大胆创新，将已制成所需纹样的金银箔片粘贴在器物上，再在器物表面反复多次髹漆，直至漆层将金银图案彻底覆盖。最后，工匠会反复打磨器物表面，直至金银箔上的漆层脱落，图案露出，与漆面齐平。因此，这种装饰工艺便被称为"金银平脱"。此做法利用漆层之间的厚度差，将金银箔片牢牢固定在漆层中，有效改善了贴花脱落的问题。此外，唐代的工匠们还细心地增加了箔片的厚度，以便在其上雕刻更为细致的纹理，使图案更加生动。在金银平脱工艺的基础上，唐代匠人们还开创了著名的"薄螺平脱"技术，该技术对周边国家和地区的漆艺发展产生了很大影响。我们常说，唐代是中国古代铜镜制作的一个高峰，这不仅体现在铜镜铸造工艺的发展上，也表现在装饰技术的创新上。

然而，即使在唐代，用"金银平脱"工艺所制成的铜镜也是常人无法承担的"奢侈品"。《太平广记》就记录了一个故事：唐天宝年间，一位叫韦栗的人做了新淦县丞，上任途中，行至扬州，他的女儿希望

知识小卡片·唐代螺钿镜

唐代的螺钿工艺已臻成熟，将其用于铜镜装饰，实为当时工匠的首创。唐代螺钿镜的工艺流程是：先将螺蚌贝壳雕刻成人物、花鸟、几何等图案薄片，粘贴在镜背表面，然后髹漆、磨平、抛光，并在螺片上雕刻出花纹。和金银平脱工艺一样，漆背螺钿铜镜曾风靡盛唐，但在安史之乱后被严令禁止制造，五代以后基本绝迹。目前，传世和考古发现的螺钿镜大多是盛唐时期的作品。

能购买一件漆背金花镜，韦栗说："我当官艰辛，哪里能得到这样的东西？"一年后，韦栗女儿不幸去世，韦栗奔丧归家，经过扬州的时候，其女魂魄现形，欲用黄钱五千买镜子。此镜直径一尺多，漆背金花，有路人说有比这更好的镜子，但只需三千。最后，其女用三千买下了这面镜子。漆背金花镜正是我们所说的金银平脱镜。一面一尺宽的金银平脱镜能卖到五千钱，哪怕在降至三千钱后，仍是"一笔巨款"。韦栗官居县丞，已经算是唐代的"中产阶级"，但他依然难以负担一面金银平脱镜的费用，可见该镜的昂贵程度。也正是由于金银平脱器物的制作耗金费工，在国力式微的晚唐时期，朝廷曾先后两次下诏禁造金银平脱镜等贵奢之物，金银平脱工艺由此日趋衰落。因此，历经千年、保存至今的金银平脱器物不仅是弥足珍贵的文化财富，更是一个强盛时代的华丽见证。

永不过时的优雅

——狩猎纹高足银杯

在超市中，我们经常能见到葡萄酒、啤酒、白酒、黄酒等各种酒品，它们是日常生活或礼仪场合中时时出镜的饮品。在中国历史的长河中，酒占据着重要地位。它是江湖相见的半盏春风，是静置杯中的锦绣文章，也是托志抒怀的入话楔子。借着酒，诗人们或消愁，或言志，或思乡……从宫廷到民间，酒不仅丰富着人们的物质生活，也慰藉着芸芸众生的精神生活。

我们的祖先究竟在何时发明了"酒"？对此，民间有不同的说法。一说酿酒始于黄帝时期，《黄帝内经·素问》载有黄帝与岐伯讨论酿酒一事；二说尧舜禹三代时的仪狄发明了酿酒之法，《战国策》即有"昔者帝女令仪狄作酒而美，进之禹。禹饮而甘之"的记载；三是我们所熟知的"杜康酿酒"，《说文解字·巾部》载："古者少康初作箕帚、秫酒。少康，杜康也。"

其实，早在石器时代，生活在中华大地上的先民就发现谷物或水果经过自然的发酵会变成不一般的饮料。考古学家在良渚遗址中发现了一种陶质过滤器（图1），它由盖、过滤钵和过滤器三个配件组合而成，人们可将未经过滤、汁滓混合的醪，倒入过滤钵进行过滤，让酒液从冲天嘴流入过滤器，而渣滓留在过滤钵内，这有点类似今天我们在家中用纱布过滤米酒。该器物的现世，证明距今5000年前后的先民已经开始以

图1 良渚遗址出土的陶质过滤器

图2 狩猎纹高足银杯
年　代：唐代（618~907年）
类　别：可移动文物·金银器
藏　地：陕西历史博物馆

酒作为饮品。

有酒之后，要用何种器物盛放和饮用呢？中国古代酒器以青铜器、漆器和瓷器为多。我们能常看到的应是博物馆中陈列的青铜酒器，如瓶、爵、尊、觥等。此外，还有温碗注子、杯、盏、觞、壶等漆木或陶瓷酒器。陕西历史博物馆还藏有一件质地特殊的唐代酒器，它由纯银打造，名为狩猎纹高足银杯（图2）。

高足杯又可称为高脚杯，我们所熟知的红酒杯就类似这种高脚杯。狩猎纹高足银杯出土于何家村窖藏，其口部呈圆形，杯腹部较深，杯腹部下方稍微向内斜着收成一个小平底，平底下面连接着一个小平盘，

图3　羽觞

盘下是喇叭形的高杯足。杯口沿下有一圈凸起的棱，高足中间还有一圈凸起的高棱。

　　这样的造型有些类似"豆"或"高足盘"，但此二者并非酒器，而是食器。中国古人饮酒并不用高足器，夏商周时主要的饮酒器为爵，汉晋时期又流行一种名为羽觞的耳杯（图3），隋唐时期则多使用碗。但中国并非没有高足杯，山西大同北魏平城遗址中就出土了三件鎏金铜高足杯，其中一件名为铜鎏金童子葡萄纹高足杯，杯身上饰有"童子采摘葡萄"的纹饰，似乎与古代希腊、罗马的酒神节有着内在联系。杯体底部还饰有"阿堪突斯"叶纹，这是以萨珊波斯为代表的西亚艺术中常见的纹样，极具异域风情。

　　那么，高足杯究竟来自何方？古代色雷斯地区（今保加利亚）出土有年代为公元前后的高足杯，土耳其和叙利亚等地也发现过大量东罗马帝国时代的高足杯，黑海沿岸出土的高足杯则在3世纪至7世纪之间。上述高足饮器的出土地点基本都在东罗马帝国的统治范围内，或许可以说，高足杯的造型起源于东罗马帝国和更早的罗马帝国时代，中国境内高足杯的源头也来自于此。

中国与罗马的交往历史十分悠久，史书将罗马帝国和后续的统治政权称为"大秦"或"拂菻（lǐn）"，唐代裴矩的《西域图记》记载了东西方丝绸之路的三条商路，其中"北道从伊吾，经蒲类海铁勒部，突厥可汗庭，度北流河水，至拂菻国，达于西海"。不难判断，高足杯有很大可能在南北朝时期沿着丝绸之路传入了中原地区。

让我们的视线重新回到这件狩猎纹高足银杯上。值得惊叹的是杯身上栩栩如生的纹饰，方寸之间，匠人刻画了一出精彩的狩猎瞬间。画面中一共有4位骑马狩猎者，他们身着窄袖袍，头戴幞头，佩带着弓囊箭袋，骑马奔驰。一位狩猎者乘马飞驰，侧身向后，张弓射击，其后还有一位狩猎者于奔马上拉弓，正紧张而又沉着地瞄准猎物，两人目标为他们之中一只奔逃的野猪；一位狩猎者骑马奔跑，正在回首四顾，搜索猎物，寻找射击目标；还有一位在飞驰的马背上弓张箭发，射中了一只拼命逃窜的小鹿。

狩猎，古代也称为"田猎""畋（tián）猎""游猎""射猎"等，俗称打猎。在原始社会，狩猎是人类重要的生产方式之一。随着社会发展和生产技术的进步，农业文明中狩猎的经济生产功能逐渐弱化，转而衍生出娱乐、军事、体育等多方面的意义，成为习武练兵、强身健体、振奋精神的一项集体性的综合运动。到了唐代，狩猎之风更加盛行，上自皇室贵族、文武百官，下至文人墨客、普通士兵，都非常喜欢出行狩猎。根据《玉海·讲武田猎》所收《新唐书》《旧唐书》

《资治通鉴》《唐会要》《唐通典》《唐实录》的材料统计，唐代帝王中，有11位帝王举行了狩猎活动。这种好猎之风必然会反映在艺术创作中，狩猎场景遂成为唐代装饰纹样中常见的表现题材，在墓葬壁画、陶俑、铜镜及金银器中均有所体现。这件高足银杯正是唐代皇室狩猎生活的生动写照。

如此精美的器物是如何制作出来的呢？首先，工匠们会利用银质地柔软和延展性好的特点，将银材放置在砒石粉和松香拌和成的底衬上，由内向外进行锤打，使其延展形成所需的器物形态；而后将分别预制的杯体和高足焊接在一起，并对表面进行修整，使之规整、光洁，便于进一步添加纹饰；最后，工匠们会运用錾刀与小锤，在器物表面刻画丰富的图纹，并对这些花纹进行鎏金处理，令其光彩夺目。

值得注意的是，这件器物的杯足底面还刻有"马舍"二字。有学者推测，"马舍"可能是工匠的名字，因为同时代的器物有明确錾刻工匠名的实例，如1999年西安市雁塔区发现一座葬于武周神功元年（697）的唐墓，墓主为姚无陂夫妇，墓中出土了一件素面银杯，杯底即錾刻有"匠郑卿"三字（图4）。

图4　姚无陂墓出土素面银杯与杯底錾刻

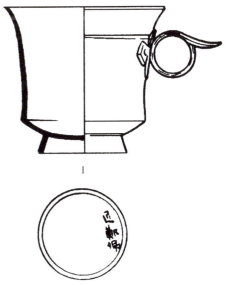

有唐一代，社会风气开放，胡汉民族融合，多种文化兼收并蓄。丝绸之路的畅通繁荣，促进东西方频繁交往。大量中亚、西亚乃至欧洲地区的珍贵器物随着使节、商旅

知识小卡片·"灰吹法"炼银

所谓"灰吹法",就是利用银和铅不同熔点的特性,将合金的银和铅分隔开来,从而提炼出更高纯度的银。冶炼工人会先挖掘一个阔三尺五寸,深一尺三寸的土坑,铺上灰作为吹床,将铅放在木炭上加热,并在土坑上放置一桩木以防止铅被气化流失掉;由于铅的熔点较低,会先被熔化,并与空气中的氧产生名为二氧化铅的白色粉末,而仍未被熔化的银则会留在炉上。如此一来,便达到了提炼高纯度银的目标。

等人马大批东传,丰富了唐人的物质精神生活,影响着唐代社会的审美风尚,令大量外来文化因素融入包罗万象的大唐文化之中。今天的我们,也得以从这些出土或传世的文物中,一窥唐朝社会对外文化交流的繁盛景象。

天下皆胶漆

金陵辟邪与秀美华表

——萧景墓石刻

　　众所周知，石头是组成地壳的坚硬物质。这些存在于地壳中的岩石大小不同、形状各异，在颜值上自然也有着不小的差异。总体而言，这些岩石被分为三种：岩浆岩、沉积岩与变质岩。由它们所构成的地壳是地球固体圈层的最外层，也是人类双脚直接接触的地方。人们世居于地壳表面，进行着诸如搭建房屋、耕田种植、修河铺路和开挖矿山等生存和发展必需的各项生产活动。我们所看见的土壤，则是由被风化的岩石碎粒和有机物混合而成的。此外，地壳中还存在着丰富的金属矿产、非金属矿产及能源资源，它们共同组成了人类赖以生存发展的物质基础。

　　当然，作为与人类密切相关的自然造物，我们对岩石的利用并不局限于物质生活方面，还会以不同方式改造它，使之服务我们的精神生活。早在原始社会时期，我们的祖先除了利用石头制造各种砍砸器、刮削器、石球等狩猎、采集与加工食物的生产生活用具外，已经会利用岩石简单地记录自己的所思所想——这些简单的"记录"有点类似我们儿时的"涂鸦"，在有意无意间保留了早期人类群体的历史，今日所见的原始崖画和岩画就是最好的实物证明。

　　过去，世界各地的先民或用石制、金属工具于岩壁上敲凿、研磨、雕刻图案，或用手指或用其他工具蘸取天然颜料绘制，还有一些是先雕

图1　法国拉斯科洞穴壁画

凿出图案轮廓，再填充以颜料。目前，世界各地均保留有大量的原始岩画，如距今1万多年的法国拉斯科洞穴壁画，绘有众多栩栩如生的动物（图1）；西班牙的阿尔塔米拉岩洞壁画，洞内主要绘有欧洲牛、鹿等动物以及人物形象；非洲也发现有大量岩画，主要分布于非洲北部撒哈拉沙漠地带以及非洲南部，著名的有约1万年以前威尔顿文化时期的洞穴壁画。

中国的黑龙江、内蒙古、云南、四川、贵州等地也发现了古代岩画痕迹，其中，位于云南的沧源崖画群是中国迄今所见最古老的岩画之一，岩画内容涉及狩猎、祭祀和舞蹈等诸多领域，真实地记录了新石器时代晚期佤族先民经济生产与宗教生活的各个方面。

随着物质文化的不断进步，人们不再局限于固定的岩墙，或将石头打磨成各种造型，或在特定形式的石块上刻上不同的文字内容，赋予它们不同的意义。由此产生了画像砖石、石刻画像和建筑石雕等石质艺术，部分石质文物上还刻有丰富的文字信息，如各式功德碑、纪事碑、书籍刻碑等碑刻。针对有铭文和纹饰的石头，宋代以降的不少学者从事相应的研究工作，他们被称作金石学家，所做的学问叫金石学。金石学的主要研究对象是铜器与碑石，金石学家通过研究所铭刻的文字信息，达到证经补史的目标。宋代是金石学发展的高峰，金石学家们编撰有众多金石学著作，收录了大量石刻文物。

在种种石刻文物中，有一类较为特殊，那就是陵墓石刻。《礼记·中庸》云："事死如事生，事亡如事存。"因此，陵墓的修建对于古人来说可是一件马虎不得的大事，尤其对于那些位高权重之人，他们地位显赫、财力雄厚，更执着于为自己打造一个完美的地下世界。如大家所熟知的秦始皇陵，陵园整体呈内外两重围墙组成的"回"字形结构，其中分布有陵墓、礼制性建筑，同时陵园内外还分布着数量众多的陪葬坑，内有铜车马、百戏俑、兵马俑、文官俑等陪葬品。如此豪华的陵墓反映了秦始皇并没有将死亡视作一切的终结，他认为即使身体被埋入了幽深的墓室中，但生命仍以另外一种形式存在。在地下的世界里，他依旧是口含天宪的君王，能够统率千军万马（图2）。这就是古人所崇尚的丧葬观念——"事死如事生"。基于这种观念，墓葬成为了我们窥见了解古代社会生活面貌的窗户。

在墓葬艺术的发展中，人们逐渐认识到了石头坚固且"永恒"的特性，这完美契合了古人对于生命长存的企慕。于是，人们开始大量使用石头去建造并装饰自己的陵墓，用以打造一个可以长久存续的死后家园。这类石刻就是陵墓石刻，其中又可分为两大类，即地下石刻与地上石刻。地下石刻主要分布于墓道或者墓室之中，或是具有实用性和装饰性的石刻，如常用于搭建装饰墓室四壁的汉代画像石；或是墓室内的石棺、石椁等葬具，这些葬具上往往会刻画有各种图案装饰，本身就具有一定的艺术性。

地上石刻则是指陵园内、墓冢前安置的各类具有仪仗性及纪念性的石雕与碑刻，主要为陵墓神道两侧的石柱、石兽、石俑以及记录墓主生平的石碑等物件。春秋战国以前，墓葬上不见拱起的坟丘，

图2　秦始皇陵兵马俑

《易·系辞传下》中记载："古之葬者，厚衣之以薪，臧之中野，不封不树。"自然，当时的人们也不会在墓前设置神道并安置相关的石刻。

　　究竟是在何时，人们有了在墓前列置石刻的习惯？有学者依据《水经注》等提出，中国最早的陵墓石刻应是战国仲山甫墓前石兽。此外，其他文献也有对先秦时期墓前石刻的描述，如《述异记》中就记载："广州东界有大夫文仲之墓，墓下有石为华表柱、石鹤一只，种即越王勾践之谋臣也。"不过，目前考古所见最早的墓前石刻是西汉冠军

侯霍去病墓的石刻，它们排列于冠军侯墓前，有伏虎、卧象、跃马、马踏匈奴等造型，与形如祁连山的墓冢一道，共同彰显着霍去病抗击匈奴的赫赫战功（图3）。

　　既知晓了石刻，那什么是神道？神道是由陵园入口延伸至墓冢处的地面通道。《后汉书》记载中山简王刘焉死后，大修墓冢并开辟神道，唐人李贤对此注曰："墓前开道，建石柱以为标，谓之神道。"据此判断，神道大致出现于东汉时期，并逐渐成为高等级墓葬的定制。

图3　西汉霍去病墓马踏匈奴石雕

两汉时期的神道石刻主要有石兽、石阙、石碑和石柱等类型。魏晋时期，由于官方多提倡薄葬，陵墓前鲜见神道石刻。及至南朝，陵前设置神道、安置石刻的礼俗才得到恢复，并由此发展为固定的埋葬制度。从此，神道石刻成为帝王陵墓前的标配。

如今，南京及其周边地区就散置有一批南朝宋、齐、梁、陈等时期的陵墓石刻，这些石刻是众多访古爱好者的宝藏打卡地，亦有众多前辈学者对它们进行系统调查与研究，并将成果出版，如清末民初的耶稣会士张璜以法文书写的《梁代陵墓考》、汇集众多学者智慧的《六朝陵墓调查报告》和朱偰先生的《建康兰陵六朝陵墓图考》等，都为我们读懂南朝陵墓石刻打下了坚实的基础。

在这些陵墓石刻中，著名者有宋武帝刘裕的初宁陵石刻、齐宣帝萧承之的永安陵石刻和梁文帝萧顺之的建陵石刻等帝陵石刻。但今天的主角不是它们，而是一处发现于王侯墓葬前的石刻——梁吴平忠侯萧景墓石刻。

萧景本名萧昺，因唐高祖李渊之父名为李昞，而"昞"亦可写作"昺"，当时的人为了避讳，故将其写作"景"。唐初姚思廉在编撰《梁书》时，就已经把"萧昺"写成"萧景"。尽管后世之人无须再避此名讳，但"萧景"一名还是随着史书流传开来，成为我们今天的称呼习惯。

萧景是何人？他是梁武帝萧衍的叔父萧崇之的儿子，从辈分上看，应是萧衍的堂弟。此人在南齐时曾做过永宁县令，颇有治理天赋，政绩为诸县第一。后来梁武帝取代南齐，建立萧梁王朝，萧景本人也得到皇帝重视，被封为吴平县侯，在47岁时于郢州刺史任上去世。萧景去世后初葬于江夏（今武汉），后迁葬回建康（今南京），其墓葬石刻就

图4　梁吴平忠侯萧景墓石华表
年　代：南朝梁（502~557年）
类　别：不可移动文物·石刻
地　址：南京市栖霞区十月村路

位于今天南京市栖霞镇甘家巷的西边，目前地表上仅留有石柱、石兽各一件。

石柱是神道旁的标志性石刻，起到指示、标明的作用，也被称作石华表（图4）。萧景墓的石柱由柱座、柱身、柱头三部分组成，其中柱座为上圆下方的造型，上部有浮雕的双螭衔珠纹，下方则雕刻有神怪纹饰。柱身上饰有24道剞棱纹，民国时期有学者曾认为这种纹饰的源头可以追溯到希腊式石柱，之后也有学者认为带有剞棱纹的石柱应是模仿过去用小型木材合聚捆箍而成的圆柱。柱头则是一莲花形顶盖，似与佛教相关，其上蹲坐一只小兽。在柱身与柱头相接处还有一长方形柱额，其上刻写的铭文表明了墓主人的身份："吴故侍中中抚将军开府仪同三司吴平忠侯萧公之神道"。这一铭文与我们常见的石碑铭文不同，它是反着书写的，这种独特的书写形式被人们称为"反左书"或"镜书"。神道两侧的石刻往往对称放置，所以刻有"反左书"的石柱会与另一侧石柱上正常书写的文字形成照应，可惜，今天的我们只能独见一柱了。

就六朝石刻而言，王侯墓葬前的石兽与帝王陵墓有所区别。由于帝王陵墓等级更高，其陵墓前的石兽为体型修长、整体呈横置"S"形曲线的猛兽，其头顶有独角与双角之分，人称麒麟。它是古人想象中的一种瑞兽，因"不折生草，不食无义"而被视为仁兽。宗室王侯墓前的石兽则是一种形似狮子的兽类，其头顶无角，鬃毛下披，被称为辟邪，人们相信它有辟御妖邪的功能。

萧景墓前的石兽就是辟邪，它昂首张口，长舌垂至胸口，腹侧有双翼，整体上看体态雄壮威武（图5），其形象还被作为南京市的市徽加以使用，成为南京乃至六朝文化的重要象征。事实上，萧景墓前不止有当

图5 梁吴平忠侯萧景墓石辟邪

下所见的这一尊辟邪，1956年，考古学家曾在西侧发现了另一件石辟邪。发现之时，它埋于当地农田之中，发掘后，由于破损严重且无法修复，考古人员就将其就地回填了。

由于这些石兽形象是人们想象编造出来的瑞兽，在现实生活中并没有实物可供对照。因此，过去学者们对于这些石兽的认识也不尽相同。有人认为独角石兽为麒麟，双角石兽为天禄，无角石兽为辟邪；有人提出帝陵前有角石兽统称麒麟，王侯墓前无角石兽称作辟邪；也有人认为帝陵前独角石兽称天禄，双角石兽称辟邪，王侯墓前的无角兽称狮子。事实上，自东汉起，人们对于陵墓前石兽的称谓就比较混乱，同一种造型的多个称呼都有相关依据。目前的普遍看法是将帝陵前的有角石兽称作麒麟，王侯墓前的无角石兽则称作辟邪。

知识小卡片·圆雕技法与南朝辟邪

圆雕又被称为立体圆雕或圆身雕。该雕刻技法要求工匠加工材料的每个面，且不带背景，以使观赏者能够从多角度看到物体的各个侧面。南朝时期的圆雕以石辟邪为代表，主要用于镇守陵墓，石辟邪往往形体巨大，高度在2米至3米之间，均用整石雕成，兼采体块与浮雕、线刻相结合的手法，大气简洁又不失丰富细腻，具有气韵生动的视觉艺术效果。

此外，尽管以辟邪为代表的一众有翼神兽已经完成了中国化，但其形象源头可以追溯至古代亚述地区的艺术，并与两河流域和地中海沿岸地区的神兽"格里芬"存在关联性。格里芬往往以鹰首狮身的形象出现，翼狮与翼羊是它的变种形式。

六朝时期，由于北方地区战火频仍，大量人口带着先进的生产技术不断南渡，使得南方经济得到迅速发展，同时助推了文化艺术的交会与繁荣。作为六朝时期杰出的艺术代表，散落在南京和镇江的六朝石刻不仅继承了汉魏以来的石刻艺术风格，还积极吸收北方乃至海外艺术的文化内涵，堪称中国雕塑艺术史上的瑰宝。

改变历史的一双短靴

——锦鞴刺绣短靴

在人类文明的历史长河中，服饰始终与人相伴相随，它既是人类生产出的物质产品，也是人类精神生活的反映。作为人的"第二套皮肤"，服装主要包括"头衣""体衣"以及"足衣"三个部分，其中"足衣"就是鞋子。今天，我们在商场中常能见到琳琅满目的鞋子，有防水的雨鞋、美观时尚的高跟鞋、主打保暖的雪地靴、充满运动氛围的球鞋……丰富多彩的品种多方位地满足了我们对鞋类服饰的功能与审美需求。

在旧石器时代，我们的祖先曾赤裸着双脚在这片大地上奔跑。为了保护好自己的双足，先人们猎得食物后，会将猎物的皮剥去，并制作成能够包裹在脚上的"兽皮袜"。制作这种原始鞋子并不需要很复杂的技术，只需使用足够锋利的石器，将兽皮切割成合适的大小即可。

严格意义上说，"兽皮袜"并不能称作鞋子，它只是简单的裹脚皮。直到人们用兽类的骨头制作出了骨针，才算满足了生产"兽皮鞋"的技术条件。骨针的诞生时间很早，在距今18000年的北京周口店山顶洞遗址内，考古学家就发现了骨针，其针身圆润，尖端锐利，尾端有用以穿线的孔洞。

光有针仍不够，还需有线，才能缝制一双兽皮鞋。目前新疆地区出土的纺织文物表明，最早的线来自动物而非植物：人们从动物身上

图1　靰鞡鞋

抽取筋，晒干后用棍棒锤打，形成富有韧劲的动物筋纤维，它们便是缝制兽皮鞋所用的"线"。尽管此种兽皮鞋因制作粗糙已成为历史，但我们依旧能在东北等地看见它的变体——靰

鞡（wùla）鞋（图1）。靰鞡鞋一般由厚牛皮缝制，内里填充靰鞡草作为鞋垫，出汗后只需把草取出晒干，即可继续使用，其原始鞋的性质极为明显。

在中国鞋的源头问题上，有人总结道：北方由光脚走路发展到用兽皮裹脚，南方则发展出了植物纤维编鞋技术。从浙江余姚田螺山遗址出土的苇编席子中可知，在距今六七千年的新石器时代，田螺山先民已经掌握了利用植物根茎或枝叶编织生活用品的技艺。可能由于中国南方水草茂盛，原材料丰富易得。不过，南方地区的祖先最初制作草鞋使用的是水边生长的蒲草，后来才有了用稻草、芦花等植物编织的鞋。今天，许多生活在河边的农户仍能够依靠贩卖草鞋工艺品实现发家致富的理想。

随着时代的不断发展，人们不仅开始使用大麻丝、绫、绸、锦等更为丰富的材料来制作鞋子，还会为不同类型的鞋子取上对应的名称，如贵族男女在参加祭祀等重要礼仪场合所穿的重木底鞋被称作"舄（xì）"，用麻、葛编成的简陋单底鞋则名为"屦（jù）"。

图2　甲骨文中的"履"字

　　当然，在古典文献中有一种最常见的鞋子名称——履。甲骨文的履，其字形主体为人，下方足部突出并添一短横，与简笔画出的鞋子很相似（图2）。西周时期，在转移土地所有权或使用权时，往往要对四界进行一次踏察，并对土地范围进行正式划定，这样的勘察活动亦被称为"履"。《诗·小雅·小旻》中还有"战战兢兢，如临深渊，如履薄冰"的文段，其中"如履薄冰"指人像踩在薄冰上一样惶恐慌张。由此可见，"履"在战国以前基本只作动词，是"穿鞋行走、践踏"的意思。当时，作为名词的鞋子一般用"屦"指代，秦汉以后，"履"才更多地被用于指代鞋子，并逐步成为对鞋子的总称。我们现在熟知的"郑人买履""削足适履"等春秋战国故事里面的"履"，已经是它的名词用法。

　　先秦时期，履多由葛、麻、皮、丝等材料做成，有些还以木头做底，形成上翘的鞋头，这也是中国古代鞋履最典型的特征。到了汉代，一种双尖翘头的履横空出世，湖南马王堆汉墓中就出土了相关实物，后人将这种鞋头有分歧的鞋称为"歧头履"。此后，随着社会文化不断发展，出现了凤头履、立凤履、云头履和鸠头履等多种款式的鞋头，其中凤头、立凤履为妇女所穿，其余多为男子所穿。这些被命以不同名称的鞋头究竟是何样式？保存至今的文物给予了我们答案，上海博物馆收藏的一尊唐代三彩文俑，其鞋头形似卷云，为云头履；在磁县湾漳北齐大墓墓道壁画中，有人履头高翘且形似笏头，应为笏头履。

　　说完了履，还有一种独具风格的鞋子类型——"靴"。

　　今天我们所说的靴，多是指鞋帮成筒状且高过脚踝的鞋子，但古时

图3　锦靿刺绣短靴

年　代：北朝（439~581年）
类　别：可移动文物·纺织文物
藏　地：中国丝绸博物馆

也将一些鞋帮不过脚踝的履称作靴。同时，由于过去的人们常将靴或袜子的筒称为靿（yào），所以靴也叫"靿靴"。中国丝绸博物馆就收藏了一双北朝时期的锦靿刺绣靴（图3）。此双靴子的鞋底部分已缺失，靴靿部分以平纹经锦制成，其上为对龙对凤吉字纹样；靴面采用刺绣工艺，用褐、米两色丝线绣出条格图案，其针迹于表面上看像是首尾相连的一条直线，但反面却会形成大量的绒圈，这种针法在北朝时期的许多绣品上均可见到。

　　那么，靴子究竟是如何诞生的呢？关于这个问题，目前有三种说法：一是认为古代中国的靴是胫甲与鞋的结合物；二是认为齐国著名军事学家孙子发明了靴；三则认为靴起源于战国时期推行"胡服骑射"的赵武灵王。第三种观点的文献记载较为丰富，被大多数学者认可。《释名》载："古有舄履而无靴，靴字不见于经，至赵武灵王始服。"《中华古今注》中也说道："靴者，盖古西胡也，昔赵武灵王好胡服，常服之，其制短靿黄皮，闲居之服。至马周改制长靿以杀之，加之以毡及绦，得着入殿省敷奏，取便乘骑也。"尽管有人质疑靴子是否由赵武灵王引入中原，但学术界基本认可它由游牧民族最先发明，新疆楼兰地区出土的一双距今4000年前后的皮靴，是该观点的有力支撑。

秦汉时期，靴子并未大规模流行起来，因为靴子的设计初衷是便于骑乘，故而它无法很好地融入农耕文明的生活。当时，靴子主要供军队所用，穿戴者多为将军或骑兵，秦始皇陵的兵马俑中就只有将领与骑兵着长筒靴，汉代的图像资料中也少见靴子的踪影。

到了魏晋南北朝时期，伴随着民族大融合进程的加快，中原人民逐渐了解并熟悉少数民族的着装风俗，北方游牧民族穿靴的风俗也在中原地区流行开来。当时，不论男女，从帝王到平民百姓都可以穿靴。帝王还将靴子作为奖励臣下的赏赐，《魏书·车伊洛传》就记载："世祖录其诚款，延和中，授伊洛平西将军，封前部王，赐绢一百匹，绵一百斤，绣衣一具，金带靴帽。"此外，当时的市场上还出现了许多以卖靴为生的人家，所卖的靴材质多样，有的还由皮革、纺织品、毛毡、草等不同材料拼接，可见当时着靴风俗之盛。也难怪沈括在《梦溪笔谈》中写道："中国衣冠，自北齐以来，乃全用胡服。窄袖绯绿，短衣，长靿靴，蹀躞带，皆胡服也。窄袖利于驰射，短衣、长靿皆便于涉草。"

同样，就像现在的人们会围绕鞋子衍生出各色搭配一样，北朝时的人对于靴子也

知识小卡片·反绱（shàng）工艺

反绱是将鞋帮和底子反着绷在鞋楦上，绱好再翻过来的工艺技术。此种工艺可将绱鞋的线全藏进鞋里，使整双鞋子外观流畅，看不到多余的线头。反绱工艺在世界制鞋史上具有重要地位。直到今天，国内外的制靴业仍然在沿用该项工艺。新疆罗布泊出土的牛皮靴被认为是中国反绱工艺的最早实例，其时代为西汉时期。有学者认为，罗布泊的这双靴代表了汉代制鞋的最高水平。

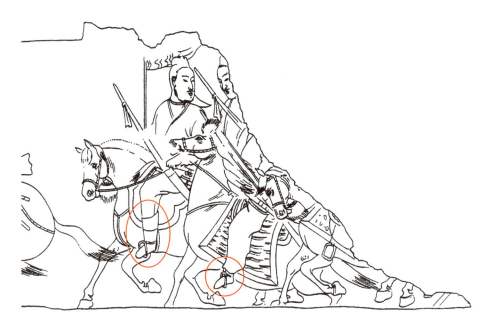

图4　裤扎于靴与靴掩于裤的对比（北齐东安王睿墓鞍马游骑图）

有着不同的穿法。从北朝墓葬壁画和陶俑中可以看出，北朝时人们的穿靴方式主要有两种：一种是将裤管扎入靴筒内，整体干净利落，适合骑马时穿着，如山西太原北齐徐显秀墓中壁画所绘的仪仗图中，男子多头戴巾帻，穿圆领衣袍，腰系带，脚蹬长筒靴；另外一种穿法则是将靴子掩于裤腿内，较之前者是更为日常的穿法，北齐娄睿墓壁画中的人物多见此类穿法（图4）。该时期兴起的着靴风尚对后世尤其是隋唐时期的服饰文化产生了极大影响。隋唐时期，穿靴成为更加普遍的事情，甚至在宫廷之中形成了一套规范制度。隋炀帝于大业二年（606年）所定服饰制度就有"唯褶服以靴。靴，胡履也，取便于事，施于戎服"的条目。

此后，中国靴饰更是不断发展，新式造型层出不穷。《水浒传》中就有许多描写宋代靴饰的文字，如线云跟靴、带毛牛膀靴和对掩云跟牛皮靴等。元代，因统治者为蒙古族，穿靴更成主流，方头靴盛行一时，此外还有鹅顶靴、高丽式靴和云头靴等款式。到了明代，有关靴饰的信息，仅在明人吴承恩的《西游记》中就能读到不少，粉底靴、麂皮靴和花褶靴等样式层出不穷，百花齐放。进入清代，靴子的制作技术、材料和造型都有了更大发展，该时期的匠人在制靴时，会将靴帮用水浸湿，并将木棍置于靴内，用火烘烤靴帮，以达到完美的靴型。

"千里之行，始于足下。"虽然鞋履只是浩瀚服饰文化里的一小部分，但它们却见证着历代物质文明的发展与进步，承载了不同民族之间的交往、交流与交融。

琵琶弦上说盛唐
——螺钿紫檀五弦琵琶

　　儿时的你，是否会在家中利用锅碗瓢盆开一场打击乐表演秀，又是否曾在玻璃杯中倒入不同容量的水，敲打出美妙的乐曲，抑或是在田间地头摘下一片芦苇叶，嘘嘘吹动，发出一阵"呜呜"的笛音？生活中的音乐，真可谓无处不在！也正是因为音乐，我们的生活才增添了许多不一样的风采。源自生活的音乐，往往又应用于生活。商场会根据各种场合播放不同类型的音乐，以激发顾客的消费欲望；咖啡厅经常播放爵士，营造舒适的氛围，让顾客心情愉悦；舞厅则会播放金属感强烈的音乐，让人兴奋……人们通过音乐营造氛围，以满足个性化的需求。如今，作为美育的重要环节，音乐课程也早已走进校园与家庭，承担起陶冶青少年艺术情操的重任。

　　中国自古就有"礼乐之邦"的美誉，作为一个有着绵长历史的国度，音乐在很久以前就已经在中华大地上生根发芽。8000年前的一天，生活在舞阳贾湖的先民将死去的仙鹤尺骨凿制成乐器，一支朴素的骨笛由此诞生。一开始，人们只是在上面凿了两个孔洞，

图1　贾湖骨笛

用来模仿鸟类的叫声以吸引猎物。而后，他们不断摸索，制作出了五孔、七孔甚至八孔的笛子，吹奏出越来越复杂的曲调（图1）。因为鹤骨硬度很高，约是人骨的30倍，这些诞生于数千年前的骨笛才得以完好地保存下来。自1984年起，考古学家相继于河南舞阳贾湖遗址发掘出40余支骨笛，骨笛的孔数有二孔、五孔、六孔、七孔和八孔等，其中又以七孔居多。可以说，贾湖骨笛是现今国内已发现的最古老的乐器。此外，考古学家还在部分新石器时代的遗址中发现了骨哨与陶埙，这些都表明，当时的人们已经有了对音乐的需求。贾湖骨笛的重要性不仅在于它出现的年代很早，更在于它是中原先民步入音乐文明的象征。通过对贾湖骨笛进行测音，研究人员发现其已经能演奏出完整精准的五声音阶，而音阶的形成正是音乐诞生的标志。

商周时期，中国的音乐文化进一步发展，各地遗址出土的众多鼓、编钟、磬等乐器就是最佳证明。在这些乐器中，最引人注目的当属湖北随州出土的曾侯乙编钟（图2）。整套编钟铸造于战国时期，共64枚，分上、中、下三层，总音域可以达到5个八度，并且具有明显的高、低音。曾侯乙编钟存在基本一致的音列结构，由此构成三个重叠的声部，基本可以演奏出完整的十二个半音以及五声、六声或七声音阶的作品。另外，编钟的钟体上共计有2800余个错金铭文，用以标注其律名、阶名以及与楚、周、齐、申等国律调的对应关系。这些都充分说明，中国有着源远流长且丰富多彩的礼乐文明。其实，早在西周时期，中国已经出现音乐机构，其最高长官为"大司乐"，主要负责音乐教育和执行礼乐制度，音乐教育内容包括乐德、乐语和乐舞三项。

到了汉代，国家还设立了专门搜集和创制音乐的政府部门——乐府，主要工作是对民谣进行大规模的收集，并进行加工、改编、创作

图2　曾侯乙编钟

和填词。此外，乐府的音乐工作者还从事理论研究和演奏演唱等事务
性工作。因此，汉代的乐府中诞生了一批出色的音乐家，其中著名的
有协律都尉李延年——此人擅长唱歌与作曲，他根据西域横吹乐曲摩
诃兜勒创作的"新声二十八解"，是中原地区吸收西域音乐进行创作的
最早记录。

　　再之后的三国两晋南北朝时期，则是北方与南方、少数民族与汉
族音乐文化交汇融合的时代。由于丝绸之路的发展，西域文化不断传
入中原汉地，为中国传统音乐注入了新的元素。中原开始流行起歌舞

伎乐、龟兹乐、西凉乐和高昌乐等西域音乐。曲项琵琶、五弦琵琶和羯鼓等外族乐器也进入汉地，受到汉地乐者的广泛欢迎。随着佛教的传入与发展，来自古印度和西域的佛教音乐也同中国的传统音乐相互交融，逐步形成了具有中国本土特色的佛教音乐体系。

当然，艺术的进一步发展离不开物质基础的支持。隋唐时期，由于社会相对稳定和对外交流频繁，人们注重精神文化的滋养，大大推动了音乐的发展。正是在这一时期，有一种来自西域的乐器发展至顶峰，它就是"琵琶"。

在开放与包容的社会环境下，琵琶的形制是多种多样的，唐代流行的琵琶有曲项琵琶、五弦琵琶和秦汉子等多种类型，它们共同构成了唐代的琵琶艺术体系。唐代琵琶艺术十分普及，上至王公贵族，下至平民百姓都能享受琵琶乐曲的美妙。对统治阶级而言，琵琶是宴饮取乐与歌舞表演时不可或缺的存在，唐代宫廷乐舞"十部伎"中就有琵琶的身影，颇具名气的唐朝宫廷乐《秦王破阵乐》也少不了琵琶的铮铮铁骨。对平民百姓来说，琵琶同样是娱乐生活的重要组成部分，《乐府杂录》就记载了琵琶大家康昆仑与僧人段善本在长安城的朱雀大街上公开比赛演奏琵琶的事迹，可见，在唐人眼里，琵琶音乐有着巨大的魅力。

不过，若想更深入地了解琵琶，就必须回顾它的"前世"——秦代的弦鼗（táo）。秦朝时，劳动人民在鼗鼓（拨浪鼓）的基础上创造了一种新式弦乐器，称作"弦鼗"。此种乐器在鼗鼓的鼓面和鼓柄上架弦，与今日的三弦相似。魏晋时期傅玄《琵琶赋》将弦鼗归入琵琶乐器的范畴中，因而弦鼗在魏晋以后获得"秦汉子"的称呼，待到琵琶在中国流行起来，弦鼗又有了"秦琵琶"的别称。

我们熟知的琵琶则是从西域传来的乐器。这种乐器的名称最早见于东汉学者应劭的《风俗通》与刘熙的《释名》中。后者记载道："批把本出于胡中，马上所鼓也。"此处的"批把"与《风俗通》中提及的"枇杷"为同一物，是对域外词汇的汉字音译。晋代以后，人们才借琴瑟等字的结构，创造了"琵琶"作为指代这种弹拨乐器的名词。唐人杜佑在《通典》中先说："今清乐奏琵琶，俗谓之'秦汉子'，圆体修颈而小，疑是弦鼗之遗制。傅玄云：'体圆柄直，柱十有二。'其他皆充上锐下。曲项，形制稍大，本出胡中，俗传是汉制。兼似两制者，谓之'秦汉'，盖谓通用秦、汉之法。"又说："五弦琵琶，稍小，盖北国所出。"可见，唐代以前，秦汉子、曲项琵琶和五弦琵琶三种琵琶类型已经得到确立，后两者均为域外输入的乐器品类。

那么，曲项琵琶和五弦琵琶究竟来自何方？我们需要向西寻找它们的源头。部分乐器研究者认为，在6~7世纪的萨珊王朝，流行一种名为"拨尔巴提（Barbot）"的琵琶类乐器，萨珊王朝的银质器皿上也存有与琵琶相似的图形。因此，琵琶的原产地大概率是古代波斯（今伊朗），它在诞生后沿着丝绸之路东传，经由西域诸国进入了中原。

解决琵琶的"出生地"问题后，我们是否有办法弄清楚琵琶正式传入中原地区的时间？从文献记载上看，琵琶是在汉代进入中原的，但在汉代的考古资料中，我们尚未发现琵琶的身影。目前，真正可见图像的西域琵琶，最早出现在北魏以后敦煌、麦积山和云冈等地石窟的壁画上（图3），它们都是五弦琵琶。可以推断，单就五弦琵琶而言，其在北魏时期已得到广泛传播。

在西域音乐的东传过程中，龟兹乐人起到了重要作用。南北朝至隋唐时期，苏祗婆和白明达等著名琵琶演奏家都是龟兹人，其中，苏

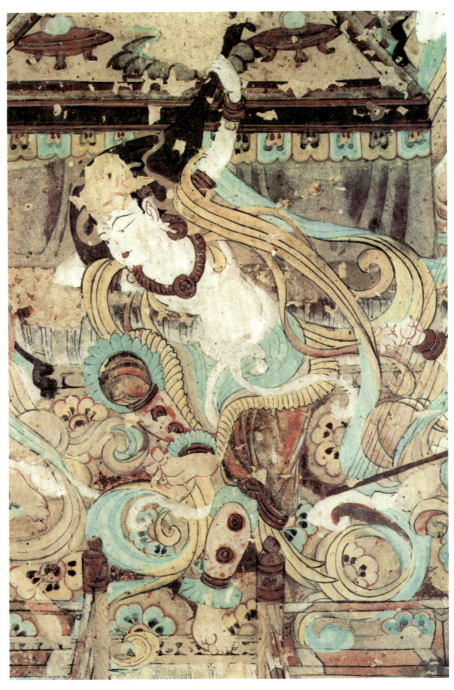

图3　敦煌壁画中的反弹琵琶图

祇婆更是为中原带来了西域的"五旦七声"宫调体系，奠定了唐代燕乐二十八调的理论基础和琵琶在宫廷乐舞演奏中的地位。可以说，龟兹音乐深刻地塑造了唐代的音乐体系。

值得一提的是，也有学者依据古印度的艺术形象，认为五弦琵琶是在南北朝时期自印度经中亚地区传入中国的。因传播时经过了龟兹地区，所以五弦琵琶也被称为"龟兹琵琶"。

作为沿丝绸之路传入中国的重要乐器，五弦琵琶在隋唐时期风靡海内。唐代宫廷里，高昌乐、龟兹乐和安国乐等乐舞表演中，五弦琵琶时常伴随曲项琵琶一同出现。然而，宋代以后的教坊多使用四弦琵琶，五

图4　日本奈良东大寺本坊

弦琵琶日渐式微。但它并未就此绝迹，而是经由中国传至周边国家，在越南、日本和朝鲜等地开花结果。时至今日，朝鲜地区还在使用遵循五弦琵琶遗制的五弦乡琵琶，日本五摄家之首的近卫家亦存有五弦琵琶谱，奈良东大寺内（图4）的正仓院内更是藏有从大唐带回的传世孤品——螺钿紫檀五弦琵琶（图5）。

正仓院的螺钿紫檀五弦琵琶在制作技艺和装饰风格上充满着浓郁的唐风，琵琶通体用紫檀木制成，腹板、额面、转手、琴头等处均饰有螺钿。其中，腹板中下部当弦处的"捍拨"为玳瑁质地，上用螺钿嵌饰芭蕉、鸿雁、鹦鹉、花草、骆驼和弹琵琶的胡人等图案，它们共同组成了琵琶正面的主要纹饰。琵琶的背面更是遍布螺钿，构成了一幅以宝相花为主、飞鸟流云为辅的华丽纹样。

图5　螺钿紫檀五弦琵琶
年　代：唐代（618~907年）
类　别：可移动文物·乐器
藏　地：奈良东大寺正仓院（日本）

正面　　　　　背面

知识小卡片·螺钿工艺

螺钿，又有"螺甸""螺填"或"钿嵌"等名称，是一种用贝壳薄片做成花纹嵌在器物上的装饰工艺。明代黄成在《髹饰录》中形容螺钿技法为"壳色五彩自备，光耀射目，圆滑精细、沉重紧密为妙"。螺钿的主要材料是蚌壳，该技法要求工匠将蚌壳的珠光层磨光，加工成薄片，做出花纹、鸟兽和人物等形象，再嵌入预先雕成的凹形图案内，从而制成色彩艳丽的嵌螺钿器物。唐代是中国螺钿工艺的成熟期，当时的螺钿器物制造产业堪称发达。

你也许会疑惑，嵌有螺钿的玳瑁为何被叫作"捍拨"？这就涉及当时琵琶的弹奏方式了。今天的我们弹奏琵琶时，多使用指弹法，即用手指拨弦发出声音，而唐代的琵琶是需要借助拨子来弹奏的，故而当时的琵琶都需配备捍拨。从侧面看，这面五弦琵琶的玳瑁捍拨存在磨损，说明它是被使用过的乐器，而非纯粹的观赏之物。

来自大唐的华贵琵琶为何会出现在日本寺庙的仓库里？这得从东大寺的建造者——日本第45代天皇圣武天皇说起。圣武天皇在位期间，中日交流十分频繁，往来于唐日之间的遣唐使不仅以大唐的政治制度与思想文化改造日本，也将唐人制作的精美物品带回故乡，此面五弦琵琶大概率就是遣唐使从大唐带回诸多物品中的一件。圣武天皇当政时，日本瘟疫不断，灾难频仍，他将佛教作为统治国家的工具，广建寺庙，并将寺庙作为社会救济场所，著名的东大寺便是在他的推动下建造的。圣武天皇去世后，光明皇后多次将数量众多的皇室珍宝供奉于佛前，同时借由为圣武天皇祈福的名义，将它们寄存在东大寺，并制作了供献清单，即《东大寺献物帐》，螺钿紫檀琵琶即位列其中。东大寺内寄存安置供物的地方，正是如今大名鼎鼎的正仓院，虽然它在名义上是东大寺的附属机构，但明治天皇以后，整个正仓院连同其中的宝物都脱离了东大寺的管理，归于协助日本皇室处理皇族事务的政府机关"宫内厅"管辖。

唐代是中国音乐蓬勃发展的黄金时期，其琵琶艺术更是中国音乐史上的璀璨明珠。今天，当我们听着琵琶"大珠小珠落玉盘"的清亮声音时，似乎也以此能回望大唐盛世，回望盛世之下友好而兴盛的中外文化交流。

屹立不倒的"西夏文字典"

——凉州重修护国寺感应塔碑

当生活中发生值得记录的事情时，你会怎么做？或许，你会打开相机，拍摄几张照片或一段视频，并配上文字发送到社交平台上；又或许，你会在手机备忘录或者日记本中写下当时的所见所闻、所思所想……这些被记录在云端及纸册上的文字，会在日后回顾时不断被翻出，更新我们的回忆。那么，千百年前的古人在面对重要事情时，会采用什么方式去记录呢？

早在新石器时代，人们就开始将蕴含一定意义的符号刻划在龟甲、兽骨和陶器等载体上。到了商代，人们便将王室和国家机构的占卜活动及结果以文字形式载刻于龟甲和兽骨之上，还将纪念功勋与赏赐的文字铸刻于青铜器上。进入周代，人们意识到文字可以被记录在竹片或木片上，书写文字的竹片被称为简策，书写文字的木板则叫版牍，合称简牍。简牍诞生后，很快便成为中国人最主要的书写载体。但它不方便携带，故而人们又以丝织物为文字载体，帛书就此出现。丝帛很是昂贵，用它们书写记录太过奢侈，于是，又经过数百年的发展，人们发明了造纸术，并在接连的技术改良中不断降低纸的生产成本，纸由此作为书写材料走进千家万户，逐渐成为最主要的文字载体（图1）。

在漫长的历史进程中，还有一种独特的文字载体值得我们注

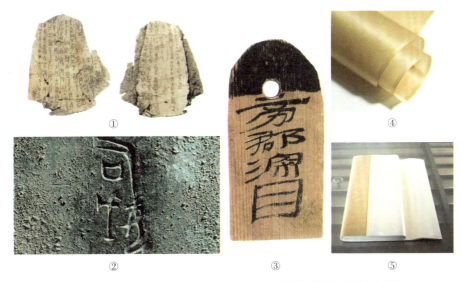

图1　历史上主要文字载体
①甲骨、②铜器、③简牍、④绢帛、⑤纸张

意——石头。提及以石作为载体的文字记录，我们可能会想到现藏于故宫博物院的石鼓。石鼓共计10个，每个上面都刻有一首四言诗，诗文书体为大篆向小篆过渡时期的文字，故有"石鼓文"之称。先秦时期，人们多利用天然石块进行刻铭，并不刻意进行外观上的加工，石鼓就是因其原石外形似鼓而得名的。秦汉时期，尽管石刻的应用场合越来越广泛，且石头本身的外观造型也逐渐丰富，但许多石刻的文字内容仅仅是对石刻制作时间、用途和参与人物的解释说明。直到汉代，专门用以宣传、纪念、记录或传递信息的专用石刻才逐渐出现，它们因铭刻内容、用途和目的等方面的不同，形成了相对固定的外部形制，根据这些外部形制的差异，专业学者将它们分为碣、碑和摩崖等不同类型。

金石学家马衡在《中国金石学概要》中写道："刻石之特立者谓之碣，天然者谓之摩崖。"其中，"碣"本义为秦始皇东巡中于海边所见的碣石，此后，古人也将刻有文字的天然石块称作碣。摩崖则类似岩画，两者都以自然形成的岩石为载体，不过前者是在岩石断面上刻写文字，而后者是在其上进行刻绘。古往今来的文人墨客在名山上所留下的墨迹，正是摩崖里最具代表性的一类铭刻。今天，我们仍然能在各地的名山胜迹处看到颂赞、诗歌、游记和题字等诸多题材的摩崖题刻，比如位于山东泰山的1000余处摩崖石刻，就是由历史上众多帝王将相与文人骚客留下的文字印记组成的（图2）。

图2　泰山摩崖石刻

相较于碣和摩崖，碑是更为常见的石刻形式，许多碑文具有较强的文学性与艺术性，今人亦保留着立碑以示纪念的习惯。可以说，碑刻不仅是多种艺术形式的结晶，更是历史文化

的稳固载体，承载着丰富的社会信息。南朝人刘勰在《文心雕龙·诔碑》中就阐释过碑的起源：

> 碑者，埤也。上古帝皇，纪号封禅，树石埤岳，故曰碑也。周穆纪迹于弇山之石，亦古碑之意也。又宗庙有碑，树之两楹，事止丽牲，未勒勋绩。而庸器渐缺，故后代用碑，以石代金，同乎不朽，自庙徂坟，犹封墓也。

这段文字的大意是：上古帝王在进行告天或封禅典礼时，会就地取材，树立石碑，此为碑的源头。传说中周穆王在巡游的时候，会刻功绩于弇山石上，这也是早期阶段的立碑行为。此外，古人也在宗庙正中树立石碑，用来拴住祭祀用的牲畜，但不刻功绩。随着铭刻功绩的铜器渐渐短缺，后世逐渐用碑来代替青铜器雕勒功绩，同样起到不朽的作用，碑也由此从宗庙里转移到了坟墓前，以表增修坟墓、旌表功勋。由此可见，在南北朝时期人们的观念里，碑刻早在上古帝皇时期就已经出现了。

因"碑"在社会生活中的广泛应用，依其功用先后衍生出了功德碑、纪事碑、墓碑、书画碑、造像碑、题名碑等诸多种类。每一类碑又可按照内容与功能进一步细分，如纪事碑可根据刊立人身份分为官刻与私刻两种：官刻内容包括官方往来文书、官方重大活动、诏书和圣旨等内容记录；私刻内容则更为广泛，涉及社会生活的众多方面，像修桥建庙、地界契约、祈福求雨、游玩和宗祠纪念等都能够以立碑的形式流传下来。得益于这些碑文的存在，许多历史资料顺利地保留到了今天。

今天，我们要介绍的主角就是一座蕴含着西夏往事的重要碑刻，它就是收藏于武威西夏博物馆的"凉州重修护国寺感应塔碑"（图3）。

千年前，黄河上游生活着一个英勇善战的民族——党项族，他们

的首领李元昊于1038年在中国西北建立起了名为"大夏"的党项政权，因其国土主要在黄河以西，故大夏也被称为"西夏"。西夏立国后，佛教成为其主流意识形态。为了促进佛教的发展，西夏贵族大力营建寺庙和佛塔等佛教建筑。当时，佛教兴盛的凉州（今甘肃省武威市）城内有一处护国寺，寺内有一座佛塔，名为"感应塔"。前凉时期（314~376年）的张轨曾修宫殿于此塔遗址上方；至张天锡时，宫中多现"灵瑞"，他十分吃惊，后来得知竟是因为宫殿修建于佛塔塔基之上。于是便舍宫建寺，重修了这座宝塔。此后的800年间，护国寺感应塔先后多

图3　凉州重修护国寺感应塔碑

年　代: 西夏（1038~1227年）
类　别: 不可移动文物·碑刻
藏　地: 武威西夏博物馆

次倾斜，但都能神奇地恢复如初。西夏崇宗天祐民安三年（1092年）冬，凉州地震，感应塔被震倾斜，当时西夏朝廷正要派人维修，未料佛塔竟又自行恢复了原状。有感于此的西夏太后和皇帝命人会集工匠，修葺佛塔，使之焕然一新。工程完毕后，西夏朝廷立碑刻铭以纪功，"凉州重修护国寺感应塔碑"由此诞生。该碑两面镌刻，其中一面为西夏文，另一面为汉文，互成对照（图4）。

　　西夏文是记录党项羌语言的文字。那么，它究竟是一种怎样的文字呢？在李元昊称帝前，大臣野利仁荣便受命创制党项民族的文字了。他与众人通过借鉴汉字的构成原理，共创造出6000余字，这些文字就是西夏文，亦称番文或河西文。李元昊将野利仁荣等人创造的文字尊为国字，颁行于西夏全境。直至今日，我们还能在西夏博物馆内看到许多由西夏文撰写的佛经、官府文书和法律条令。

　　这种独特文字的

图4　西夏碑汉文与西夏文的对比图

发展过程并非"一帆风顺"。1227年，成吉思汗率蒙古铁骑横扫西夏全境。经历战争的西夏赤地千里，城市沦为废墟，由西夏文写就的诸多典籍也横遭劫灭。而后，随着时间推移，党项族人逐渐分散而居，多与外族通婚，渐渐地消融于其他民族之中。在这种历史背景下，西夏文也就失去了生存发展的空间，逐渐遭到废弃。明朝中叶以后，西夏文彻底失传，成为无人能识的"死文字"。

幸运的是，清嘉庆年间，一位名叫张澍的学者"发现"了沉睡许久的感应塔碑，令西夏文重现于世人眼中。当时，赋闲在家的张澍与好友来到武威城北隅的清应寺游玩，偶然发现此地有座被砖石死死封住的隐秘碑亭，寺内僧人也不知其为何物，只说此碑亭受寺内众人代代守护，谁也不能打开，否则将会招致灾祸。

张澍听了僧人的描述，心中一惊，认为其中一定隐藏着惊人的秘密。于是，他恳请寺僧拆除砖石封印，并发誓愿意承担一切报应与灾祸。寺僧见他执意如此，只好破例拆去砌封，只见碑亭里面是一块布满尘土的大石碑。待到石碑上的灰尘被清理干净，所有人的目光都看向了碑上的字迹——乍一看，这些文字就如汉字楷书一般方方正正，可当看清楚碑文后，他们竟不识一字。张澍见状，认为碑后必定还有释文，便命人拆除后面的封砖，果不其然看到了汉文碑铭。工于史学、长于辑佚的张澍敏感地意识到，眼前的古碑正是尘封数百年的西夏感应塔碑，其碑上文字则是《凉州重修护国寺感应塔碑铭》。

发现了感应塔碑的张澍十分兴奋，回去后便写下《书西夏天祐民安碑后》与《偕同游至清应寺观西夏碑》两篇文章，他在文章里详细地记录了发现感应塔碑的过程，并十分自豪地说："按史言，夏国字其臣野利仁荣所造。或云元昊作之，未知其审。此碑自余发之，乃始见于天壤。金石学家又增一种奇书矣！"自此，张澍便投身于西夏学的研究中。他将所发现感应塔碑的碑文内容尽数编入《凉州府志备考》一书中，还先后编著《西夏姓氏录》《西夏纪年》等书籍，为后世研究西夏历史和党项民族史提供了重要帮助。毫不夸张地说，若无武威感应塔碑的发现，我们也许得等到一个世纪后的1908年，苏联探险队在内蒙古黑城遗址发现西夏文与汉文的对照字典《番汉合时掌中珠》后，才能重新揭开西夏文的神秘面纱。

除了使西夏文与汉字形成对照外，感应塔碑的碑文还是对西夏社会经济、宗教信仰和民族关系等众多信息的历史实录。碑文详细记载了番汉僧侣在护国寺内的活动情况，其中"番汉四众"一词，更是表明了当时汉族与党项族等民族之间密切的关系。此外，碑文"当四衢地，车辙马迹，辐辏交会，日有千数"的描述，也深刻地反映了11世纪前后武威城的繁盛景象及其作为丝路重镇的战略地位。

最后，让我们再从艺术的角度欣赏这座西夏文的"活字典"。此碑高2.6米，碑首呈半圆形，正面由西夏文篆额，意为"敕感应塔之碑文"，背面以汉文篆额"凉州重修护国寺感应塔

知识小卡片·罗塞塔石碑

罗塞塔石碑（Rosetta Stone），也译作罗塞达碑，石碑高1.14米，宽0.73米，制作于公元前196年，碑身刻有古埃及国王托勒密五世登基的诏书。罗塞塔石碑碑文都用古埃及象形文字、古埃及草书和古希腊文分别刻制。其中，古埃及象形文字是神圣的祭祀书体，古埃及草书是平民使用的文字，古希腊文则是由马其顿征服者亚历山大大帝带来的翻译文字。得益于古希腊文的存在，近代考古学家有了对照不同语言解读埃及象形文字的机会，罗塞塔石碑也由此成为古埃及历史研究领域里的里程碑。

碑铭"，碑额两边阴刻伎乐飞天。其中，碑额左侧的风格与敦煌壁画相近，婀娜多姿，而右侧人物高鼻深目，脸部骨骼隆起，具有明显的西域胡人特征，丝绸之路沿线的文化交融由此显现。碑座四面采用高浮雕技法，表现了4幅不同主题的画面：正面为体态丰满的双狮舞绣球，背面是缠枝莲花，前狮后莲也象征着西夏国强悍的民族个性与尊奉佛教的国家信仰；碑座左右两面则分别雕刻飞马与麒麟，线条流畅明快，层次分明，具有极强的象征意义与独特的地域色彩。

一座屹立于武威城内的千古奇碑，不仅是破译西夏语言文字的一把钥匙，还是"汉夏合璧"的石刻艺术。透过永不磨灭的石刻文字，西夏的社会历史面貌才得以重见！

马可·波罗的"海淘爆款"

——德化窑马可波罗熏香炉

"瓷器"是中国的代名词之一。在英文中，"china"一词，首字母大写指中国，首字母小写指瓷器。作为中国人民独特的创造物，瓷器不仅与古代中国日常生活息息相关，也反映着中华民族对"美"的精神追求。回望瓷器诞生的历史，我们首先要回到原始社会，去探寻瓷器的原点——陶器。

尽管我们常把陶器和瓷器统称为陶瓷，但陶是陶，瓷是瓷，两者有不小的差别。2万年前，我们的祖先就发明了制陶术，江西万年仙人洞遗址出土的陶片就是最好的证据。也许，陶器的诞生是一场机缘巧合——人们在无意中发现，被水浸湿的黏土具有极强的可塑性，在晒干后还会变得十分坚硬，若将被晒干的黏土模型扔进大火中，它们会变得更加坚固和耐用，用来盛放物品也不会粘上泥渣。于是，陶器就此诞生了。

成功制作出陶器后，接下来便是如何提高这些器皿的质量。新石器时代晚期，长江中下游的居民通过提高陶器烧成的温度，生产出了一种质地坚硬、表面拍印几何图案的日用陶器——印纹硬陶。到了商周时期，吴越地区的工匠们更是在技术上实现了重大突破，他们将窑炉中的火焰温度提高至1000℃以上，最终生产出了与瓷器非常接近的原始瓷。原始瓷与陶器之间已经存在本质区别，但与真正的瓷器相比，它在淘洗和烧造的工艺上还较为粗糙，具有一定的原始性。因此，我们只能将其视作瓷器的"1.0版本"。

有了原始瓷的积淀，吴越匠人们不断改良技术，终于在东汉时期烧成了成熟的青瓷。相较于原始瓷，东汉时期的瓷器加工更为精细，其气孔率和吸水率都较低，敲击时还会发出清脆的声音。该时期的瓷器只有青瓷和黑瓷两种，尚显单调，但工匠们精益求精，代代相传不断推动技术的进步与材料的更替，不断促进瓷器"版本"的推陈出新。于是，我们看见了唐代如冰似玉的越窑青瓷、类银似雪的邢窑白瓷；宋代"雨过天青"的汝瓷、"入窑一色，出窑万彩"的钧瓷、"金丝铁线"的冰裂纹瓷；元代的青花瓷、釉里红；明代的釉下彩、釉上彩、斗彩以及清代的珐琅彩。

尽管精美的瓷器是中华儿女的首创，却并不为了孤芳自赏。通过历朝历代的对外贸易和外交赠礼，瓷器由中国走向世界，成为无数人的"心头好"。换言之，早在千百年前，瓷器已经成为跨国贸易的"抢手货"。

对古人而言，跨国贸易虽然困难重重，却并非无法实现。俗话说"要致富，先修路"，贸易要顺利，自然也需有相对畅通的商路，一代代先民开拓的海上丝绸之路为对外大量销售瓷器提供了根本保障。20世纪末，人们于"黑石号"沉船里发现了67000多件唐代外销瓷，这表明早在唐代，中国的瓷器就已通过海上丝路远销海外（图1）。当然，正如市场的供需关系会促使商品种类的变动，不同时期瓷窑的兴衰以及贸易港口的变迁，也会导致对外贸易所侧重的瓷器产品有所变化。宋元时期，泉州港高度发展，"近水楼台先得月"，福建境内的众多窑口由此迎来发展契机。该时期，产自福建德化的青白瓷成为中国对外瓷器贸易的大宗，直至明清时期仍然兴盛不衰。

今天要说的，正是一件收藏于福建博物院的明代德化白瓷——马可波罗熏香炉，它由炉盖、炉身、炉座三部分组成，整体呈八角结构（图2）。其中，炉盖镂空并刻有卷草纹、几何形纹样，用以出烟，并于顶部中心和边沿位置安有捏塑的花形小球。炉身通体装饰植物纹浮雕，于外壁饰有4个"S"形耳。炉座则由8个底足支撑。瓷炉整体呈现出浓郁的异域风情，应是特别定制的外销产品。

长沙窑青釉褐彩草叶纹盘口水注　　长沙窑青釉褐斑模印贴花执壶

长沙窑青釉褐彩阿拉伯文碗

图1　黑石号沉船出水瓷器

这件瓷器的出生地为福建德化县，该县是中国著名的瓷器生产地。今天，我们依旧能在县内找到当年古窑场的痕迹——根据考古学家的调查与发掘，德化县境内的古窑址多达239处（图3），其中先秦1处，唐代1处，宋元时代42处，明代30处，清代177处，民国时期55处，透过这些古窑址，我们仿佛能看见从前德化制瓷业的繁盛景象。

历史上，德化窑曾生产过青釉瓷、青白瓷、白瓷和青花瓷等瓷器品

图2　明德化窑马可波罗熏香炉
年　　代：元代（1271~1368年）
类　　别：可移动文物·瓷质文物
藏　　地：福建博物院

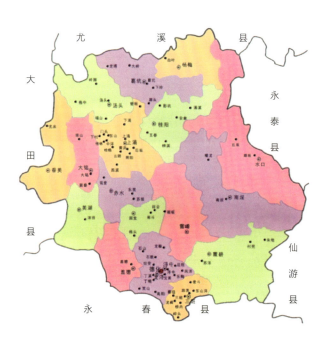

图3　德化县古窑址分布示意图

种，它们都是在国际市场上极具竞争力的热销商品。其中，德化出产的白瓷最负盛名，广受海外欢迎，甚至被冠以"中国白"的称号。19世纪英国人波西尔在《中国美术》一书中就盛赞德化窑的白瓷："其窑之特别为白瓷，昔日法人呼之为'不兰克帝支那'（Blane de China 即'中国白'之谓），乃中国瓷器之上品也。与其他之东方各瓷，迥然不同。质滑腻似乳，宛似象牙。釉水莹厚，与瓷体密贴，光色如绢，若软瓷之面泽然。"同一时期的法国著名陶瓷收藏家格兰迪·迪耶也在他的著作中称赞道："自古以来，"中国白"便一直赢得世人的赞同，它值得被重视。从宋代起，它便闻名遐迩，其生产创造从未中断过，并且延续至今。"

作为福建中部的小城，德化县有着储量丰富且品质上乘的高岭土、瓷石和石英石等制瓷原料。此外，其境内多山，林木茂盛，能够为瓷器烧造提供充足的燃料资源。

河网密布也是德化的先天优势。德化县的河流以戴云山为中心向四周流散，其中汇入闽江的就有涌溪、丁溪、缨溪等十余条溪流。这些从山上奔流而下的溪水在工匠们的制瓷流程中发挥着重要作用。在拉坯之前，瓷土往往需经过采石制泥与淘炼泥土两个步骤。其中，淘炼泥土主要是将瓷泥中的杂质淘洗出来。采石制泥需要先用水将瓷石中的泥土等杂质冲洗干净，再由人工挑选其中颜色一致且色泽较好的部分用于制瓷。经过拣选的瓷石会被放入水碓（duì）（图4）中碾碎——水碓的运转依赖水力，人们会在溪流中架设水车，并于水车轴上隔段嵌入木板，用以带动碓杆。碓杆另一端是碓嘴，与碓嘴相对应的则是臼。碎石时，作坊里的工匠会将瓷石从山上运送下来，用锤子把它们敲成小块，放入臼内。当水力带动水车转动时，轴上镶嵌的

图4　水碓

木板便随之运动，碓嘴会因碓杆重力落入臼内，利用冲击力将瓷石粉碎。若无水流带来的大量水力，仅凭人力粉碎瓷石，所花费的时间与精力将成倍增长。

优越的自然条件仅是德化县迈向制瓷业中心的第一步，要为庞大的国际市场提供量大质优的瓷器，高超的烧造技术更是不可或缺。在历史发展中，德化的工匠们为了满足市场需求，不断更新窑炉类型，先后使用龙窑、分室龙窑和阶级窑等多种窑型以提高生产效率。

龙窑，顾名思义是形似龙的窑（图5）。它通常依山势倾斜修筑，是中国南方地区最为常见的传统窑炉形态。龙窑造型简单，由窑头、窑床、窑尾三部分组成，其优点在于巧妙地利用了坡形地势。烧瓷时，窑内火焰会自然上升，从而提高瓷器的烧造温度。此外，龙窑还具有升降温快和流速快等优势，可以使窑腔内的温度分布较为均匀，保持较高的成品率。在龙窑的基础上，工匠们通过将窑室隔为数间改良出

图5　龙窑结构图

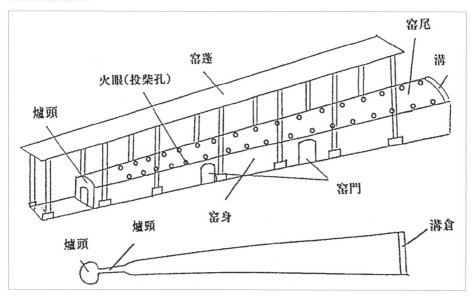

了分室龙窑，这种龙窑利用坡度的变化和开间，改变了火焰在窑炉内的流动路线，将原本平行上升的火焰变为倒焰，更有利于调节和控制窑室内的火候与气氛，还能延长火焰停留的时间，促使每间窑室的余热得到充分利用，进而提高产品质量。到明代时，德化的工匠们又进一步改进分室龙窑，创造出形似层层阶梯的阶级窑，阶级窑的独特结构尽最大可能地避免了窑内温度不均的问题，使窑内的还原气氛更易于控制。实践证明，阶级窑的成品的质量优于绝大多数龙窑。

知识小卡片·屈斗宫窑址

屈斗宫窑址位于德化县龙浔镇宝美村破寨山的南坡上。破寨山大致呈西北-东南走向，山顶海拔525米。1976年，福建省博物馆、厦门大学历史系考古专业和原晋江地区文物管理委员会等联合组织了对屈斗宫窑址的考古发掘，此次发掘揭露分室龙窑一座，龙窑全长57.1米，宽1.4~2.95米，有17间窑室。屈斗宫窑址的发现，证明了宋元以来分室龙窑在德化地区的存续状况，填补了德化窑炉发展史的空白，成为研究中国古代南方窑炉技术体系的重要实物资料。

在自然条件、制瓷技术以及匠心巧思的多重加持下，德化县内各处窑场窑火熊熊燃烧，源源不断地生产着具有德化风格的瓷器，并通过泉州销往世界各地。

看到这里，你心中也许还有一个没有解决的疑惑——德化窑出产的熏香炉为何会被冠以"马可·波罗"之名，这位13世纪的意大利著名旅行家和德化瓷之间究竟有着怎样的渊源？这还得从马可·波罗的经历说起。

1275年，马可·波罗经陆上丝绸之路来到中国。作为当时少见的欧洲来华使者，他受到了热情款待。此后的十几年里，他于中国一路游览，记录见闻。1292年，马可·波罗与数百人护送蒙古新娘阔阔真从海路远赴波斯，计划于刺桐港（今泉州）起航。在这里，他看见了堆积如山的四方货物和扎堆于港口内的各地商人。驻留泉州期间，马可·波罗沿江河来到了德化县，并将这次行程记录在了他的游记里："刺桐城附近有一别城，名称迪云州，制造碗及瓷器，既多且美。"他震惊于德化瓷的物美价廉，声称："一个威尼斯银币能买到八个瓷杯。"马可·波罗对琳琅满目的德化瓷器爱不释手，购置了许多瓷器带回意大利，现藏于威尼斯圣马可大教堂的青白釉四系罐便是其中一件。因为德化瓷是马可·波罗最早介绍并带回欧洲的，故它们得到了"马可波罗瓷"的别名，德化瓷的具体品类也随之纷纷被冠以"马可波罗"的前缀。

事实上，"马可波罗"罐和"马可波罗"熏香炉等德化瓷器是否真的与马可·波罗本人有关，今日已不得而知。或许，"马可波罗瓷"更像一种文化符号，反映了德化瓷器经丝绸之路销往全球的历史事实，见证着古往今来东西方文化与艺术的交流和发展。

宏愿不曾堕

丝路流光：
丝绸之路上的文物传奇

寻找"九色鹿"
——《鹿王本生图》壁画

谈起童年回忆，动画片一定是其中不可或缺的组成部分，而提到国产动画片，就定然绕不开一个家喻户晓的名字——上海美术电影制片厂。这家成立于1957年的电影制片厂，是中国规模最大的美术电影制片基地，在中国现代电影史上有着极其重要的地位。建厂以来60余年间，它总共摄制了500多部美术片，其中诸如《大闹天宫》《哪吒闹海》《天书奇谭》《黑猫警长》《葫芦兄弟》和《宝莲灯》等著名动画，更是陪伴了几代中国人成长的经典作品，共斩获国内外大奖400多项，作为"中国动画学派"的代表而蜚声海外。

上海美术电影制片厂出品的众多佳作中，《九色鹿》肯定不是一个令人陌生的名字，它于1981年登上荧幕，一经播出便广受欢迎，而后不断重映（图1）。这部动画影片讲述了一个"恶有恶报"的故

图1　动画电影《九色鹿》场景

图2　树下的九色鹿

事。很久以前，在荒无人烟的戈壁滩上，波斯商人的骆驼队因遇风沙袭击而迷路，忽而出现一头九色神鹿给他们指明了方向（图2）。九色鹿回到林中后，又听见有人呼救——原来是一个捕蛇人在入山捉蛇时不慎落水。九色鹿见状，连忙将他驮上岸，捕蛇人感恩不尽，意欲报答，九色鹿却只求他别将遇见自己的事告诉旁人。捕蛇人连连答应，还对天起誓。之后不久，波斯商人行商至一国皇宫，与国王谈起在沙漠中的奇遇，谁知王后听了，执意要取九色鹿的鹿皮做衣裳。国王无奈，只好张贴布告，宣布给予捕到九色鹿者重赏。贪财

的捕蛇人，见利忘义，连忙向国王告密，并设计将九色鹿引入包围圈。当他假装再次落水，九色鹿闻声赶来救他时，守候的武士们旋即万箭齐发。谁知九色鹿在此刻发出神光，将利箭尽数化成灰烬。九色鹿趁机向国王揭露捕蛇人忘恩负义的丑恶行径，国王听后，深感不安，捕蛇人也被吓得胆战心惊，最终跌入深潭溺死。

时光荏苒，岁月如梭，尽管距离《九色鹿》初次上映已过去40多年，但它向观众传达的劝善思想从未褪色。其实，九色鹿的故事情节并非上美影导演和编剧的原创，而是取材于一则流传许久的传说，甚至连九色鹿的形象也在千百年前就已诞生。现在，就让我们循着神鹿优雅的身影，去往这部动画电影的灵感源泉——甘肃敦煌莫高窟。

莫高窟是久负盛名的石窟寺遗迹，在世界石窟艺术中享有崇高的历史地位。它最初开凿于前秦建元二年（366年），直到元代以后才逐渐停止开窟，至今仍有洞窟735个，保存壁画面积达4.5万多平方米、彩塑2400余尊。《九色鹿》的故事原型，正是位于莫高窟第257窟主室西壁中层的壁画——《鹿王本生图》（图3）。

图3 《鹿王本生图》壁画
年　代：北魏中期（5世纪后半叶）
类　别：不可移动文物·壁画
地　址：莫高窟第257窟主室西壁（甘肃省敦煌市东南鸣沙山东麓崖壁上）

第257窟是目前莫高窟内得到确认的12个北魏石窟之一，这幅壁画的创作时间应当和开窟时间相去不远，同在北魏时期。莫高窟的北魏石窟基本营建于北魏中期以后的数十年间，包括第259、254、251、257、263、260、265、487、431、435、437和248窟，其中的绝大部分石窟为中心柱窟，仅有第487窟为多室禅窟。

单看壁画的名字，似乎让人心生疑惑。什么是"本生"？众所周知，石窟寺是佛教信仰的产物，与之相关许多作品自然属于佛教经典的艺术化表达，"本生故事"就是其中极具代表性的一类。所谓"本生"，指的是佛陀尚未成佛的生命阶段。按佛教的说法，佛教创始人释迦牟尼在成佛之前经历了无数次轮回转生，在这些转生中，他曾化身为国王、王子、婆罗门、商人、妇人、大象、猴子和鹿等形象行走人间，广行善事。于是，他的每一次转生都会产生一个止恶扬善的故事，这些故事被统称为"本生故事"，也叫本生经，它相当于一部佛教语言故事集，是佛教经典中最具文学性的通俗经典。

了解完"本生"的意思，"鹿王本生"题名的含义便很好理解了，它是释迦牟尼化身为鹿王时的事迹，"鹿王"即是我们熟知的九色神鹿。《鹿王本生图》所展现的故事情节与动画电影《九色鹿》并无本质区别，只是将事件的发生地点具体在了古印度恒河岸边的树林中，王后也没有得到波斯商人的消息，而是自己梦到了九色鹿的存在，反派人物的最后下场则由溺死变为了浑身长满毒疮。

值得一提的是，苏教版小学四年级的语文课本也收录了故事情节经过修订的课文《九色鹿》（图4）。在这篇课文里，溺人最终并没有死，只是灰溜溜地逃走了，他还得到了一个叫"调达"的名字。据传，在古印度的寓言里，调达是与释迦牟尼世世结怨的婆罗门，他的存在，

图4　苏教版语文课文《九色鹿》

是婆罗门教与佛教之间矛盾冲突的反映。对比起来看，无论是课文还是动画片，根据壁画《九色鹿》内容改编后在情节上显然要更加丰富与温和，这大概是改编者对童心的一种细心呵护吧。

前面提到，鹿王本生是记录在佛本生经里的故事，那它最早出现在什么时候？又是以什么形式出现的呢？这就得从佛教与石窟艺术的关系说起了。石窟艺术是伴随着佛教从印度传入中国并落地生根、不断发展的。因此，要认识和研究石窟艺术，就必须了解石窟艺术的源头——古印度佛教。作为佛教本生故事的鹿王本生，自然也有着远在恒河流域的"母题"，那就是公元前2世纪印度巴尔胡特大塔（图5）的一块圆形浮雕，浮雕上的《鲁鲁本生》雕像宣告了"鹿王"的诞生。近百年后，第一部成文佛经《阿含经》才正式问世。可见，早在有经书之前，"鹿王本生"的故事即已开始流传。

其实，这个简朴而美丽的故事来到中国的第一站并不是敦煌，而是更西边的龟兹，即现在的新疆库车。大约在公元前3世纪至公元1世纪时，由印度北传至阿富汗地区的佛教进入西域，位于塔里木盆地边缘的

图5　印度巴尔胡特大塔

龟兹就是佛教东传之路的第一站，也是日后丝绸之路北道上首屈一指的"佛国"，始凿于公元3世纪末至4世纪初叶的克孜尔石窟正是这段历史的亲历者。在克孜尔石窟现存约1万平方米的壁画中，"鹿王本生"是常见的题材；而莫高窟第257窟里的《鹿王本生图》，却是整个敦煌石窟中的唯一一幅。

然而，数量少却不代表质量低，从遥远印度经龟兹来到敦煌的《鹿王本生图》，恰恰是佛教中国化的惊艳一笔。为何这么说？我们得从它的叙事手段与绘画方式讲起。

回到壁画本身来看，《鹿王本生图》无疑是一幅标准的长卷式故事画，依照故事情节可划为九个部分。不过，它叙述故事情节的方式和我们想象中的卷轴画不太一样。传统的长卷式绘画，通常都是随着卷轴的展开而逐渐呈现故事的全貌，一般都是从上到下或者是从右到左的顺序。《鹿王本生图》则不然，它的叙事顺序是从两头开始，到中央结束。就整幅壁画而言，画面左侧描绘了九色鹿救起溺人和溺人长跪致谢等情节，右侧描绘了王后要求国王捕杀九色鹿、溺人告密和溺人引国王军队去树林等情节，壁画中央这一主要位置则全部用来描绘九色鹿向国王诉说救溺人的经过、国王的愧悔和溺人的报应。

乍一看，这种叙事手段打乱了大家常识中的阅读顺序，似乎让人不知从何看起。但是，这种叙事手段正是壁画绘者独特构思的体现。因为，石窟中的壁画和能随身携带的卷轴存在着本质区别，与后者相比，固定在岩窟上的壁画更重视对空间的利用，它必须给每个观摩壁画的人带来最直观的视觉冲击，从而让参观者在第一眼看见画面时就尽可能充分领略整幅画的关键情节与中心思想。因此，壁画创作者最优先考虑的就是全力突出核心故事情节和重要人物形象，《鹿王本生图》的绘画者显然完美地做到了这一点，他将鹿王本生故事的核心情节放在了画面的主要位置，其余情节全部放在次要位置，实现了画面空间顺序与故事时间顺序的巧妙对应。同时，他还充分利用人物行动的趋向性，使画面左侧鹿的形象皆向右行，右侧的人马都向左行，两侧相对的趋向让观众下意识地把视线集中在九色鹿向国王控诉溺人的情节"高潮"上，达成了"众星捧月"的视觉艺术效果。

如果说《鹿王本生图》的叙事手段是时间与空间的完美结合，那么它的绘画方式就是佛教中国化的最佳注脚，具体说来，是它的长卷式构图法让佛教艺术实现了对时间的描摹。在此之前，印度佛教已经有了从"无量劫"到"一刹那"等系列时间单位，但古印度地区的佛教艺术几乎都是单向度的浮雕与塑像，即使有叙事的元素，也都被分割得极为细碎。可以说，佛教在进入中国之前，相对更注重空间艺术，而促成它拥抱时间的契机，则是萌生于中国的长卷式构图法——这是汉代以来就广为流行的构图形式。武梁祠中的画像石已经可以见到横长形带状布局的模式，魏晋以降的画家们更是大量采用长卷的形式来作画，如东晋顾恺之的《洛神赋图》和《女史箴图》等都是以手卷形式问世的长卷画（图6）。在莫高窟的壁画中，长卷式的构图方式随处可见，《鹿王本生图》只是其中一例。它们正是以中国传统艺术来改造、诠释外来宗教艺术的典范。

此外，若更仔细地观察《鹿王本生图》，会发现远景处成排倾斜着简单的小山，小山之间是盛开的花草与仅见轮廓的人物。我们很容易将上述画面与中国的山水审美思想关联起来——以山水景物来表示特定环境，使山峦和树木等要素占据画面主要位置，这是独见于中国的绘画风格。

象征着真善美的九色鹿告别印度，越过西域大漠，来到四方辐辏、万国所交的敦煌，它在这里第一次拥抱了时间，也宣告着佛教艺术正式从三维走向四维。印度的本生故事、近东的扁平装饰，它们和中国

图6 《洛神赋图》（上）与《女史箴图》（下）

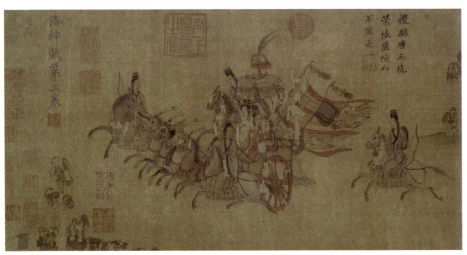

本土的时空构图与流畅线条融汇在同一壁画上，这正印证了季羡林先生的那句名言：“世界上历史悠久、地域广阔、自成体系、影响深远的文化体系只有四个：中国、印度、希腊、伊斯兰，再没有第五个，而这四个文化体系汇流的地方只有一个，就是中国的敦煌和新疆地区，再没有第二个。”（图7）

“敦煌定若远，一信动经年。”或许，每个人心里都住着一只九色神鹿，它来自千年莫高窟，来自万年黄沙海，来自朔风吹雪的祁连山，也来自芸芸众生向善而行的精神高地。

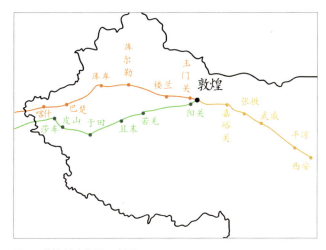

图7　敦煌丝路位置示意图

知识小卡片·中国石窟寺的类型与分区

在河畔山崖开凿的佛教寺庙被简称为“石窟寺”，它起源于印度。由于洞窟密集，许多石窟寺有“千佛洞”之称。中国开凿石窟的历史大约始于3世纪，盛于5~8世纪，最晚可到16世纪。根据著名考古学家宿白先生的研究，目前所见分布于中国各地的石窟寺遗迹可以被分为七类：窟内立中心塔柱的塔庙窟、无中心塔柱的佛殿窟、主要为僧人生活起居和禅行的僧房窟、塔庙窟和佛殿窟中雕塑大型佛像的大像窟、佛殿窟内设坛置像的佛坛窟、僧房窟中专为禅行的小型禅窟（罗汉窟），还有由小型禅窟成组的禅窟群。依据地理位置、洞窟形制和主要佛造像的差异，中国石窟寺又有新疆地区、中原北方地区、南方地区和西藏地区四大区域的划分。

武则天的真容在何方？

——卢舍那大佛

在古都洛阳的南郊，伊水缓缓流淌于东西对峙的两山间。北魏郦道元在他的地理名著《水经注》里曾这样讲述伊水的历史："昔大禹疏龙门以通水，两山相对，望之若阙，伊水历其间，故谓之伊阙。"原来在传说中，伊水两岸的山本是相连的整体，名叫"龙门山"，伊水泛滥于龙门山之南，不得疏通。于是大禹凿开龙门山，将其分为东西两半，伊水始得由此向北汇入洛水，最终流入黄河。被分开的龙门山恰好形成了相对的两座山体，远远看去好似城门两侧高耸的阙楼，又因为伊水流于其间，人们就把此地称作"伊阙"，两阙之间则为门，这夹岸两山之间的空缺处便是"龙门"。

图1 洛阳"伊阙"题刻

伊阙与龙门，不仅是洛阳城的南面门户，还是中国历史上首屈一指的天赐圣地（图1）。它是孟津三尺鲤一跃成龙的升天之地，是秦将白起大破24万魏韩联军的成名之所，还是故老野语口中隋炀帝建都洛阳的根本动机——据说，隋炀帝即位后曾登上洛阳北面的邙山，远望南面的伊水如游龙归阙，便认为那里是真龙天子的门户，决意在洛阳建起隋朝的东都，还将紫微宫的应天门正对伊阙，后者遂有"龙门"之实。

历史研究表明，"隋炀帝望伊阙建都"之说不过是后人的穿凿附会，蓝本大概来源于东晋南朝建康城。317年，时为琅琊王的司马睿在南逃士族和江南豪强的拥立下称帝，立足江左，定都建康（今江苏省南京市），延续晋朝国祚，史称东晋。立国后的司马睿欲在建康城正南方的宣阳门外建造双阙，以示皇权至尊，而位极人臣的王导则认为政权草创之初，不宜大兴土木。于是，他先请司马睿乘舆出宣阳门，指着南面两峰对峙的牛首山，劝道："此天阙也，岂烦改作！"司马睿感其用心，遂听从王导之谏，打消了树立双阙的念头，南京城外的牛首山也随之得到了"天阙山"的别名（图2）。

或许，仓皇南渡的东晋王朝在当时压根没有建立双阙的财力。毕竟，直到东晋末年，建康城的许多城门还是用竹篱扎成的，遑论复原西晋洛阳的恢宏繁华。但"天阙"一名终究是被保留了下来，无论是牛首山还是伊阙都享有此名，其根本还在于这种"两山相对，中留空阙"的自然地理格局，是古人心目中得天独厚的风水宝地。

与后世认知中把皇帝比作"九五之尊"有所出入的是，在南北朝至隋唐时期的中国，最尊贵的地方并不属于人，而属于神明。因此，隋大兴城的设计者宇文恺在营都之初，便把城内象征着至尊的"九五"卦位留给了玄都观和兴善寺等佛道两教的宗教建筑，而天子宫殿只在稍低一级的"九二"卦位上（图3）。

如"乾卦之象"的长安是这样，有"天阙之雄"的洛阳亦是如此。因此，在伊水两岸龙门山上分布的并非他物，而是举世闻名的石窟寺——龙门石窟（图4）。这是一处几乎无人不知的历史遗迹，它有许多独一无二的"头衔"：世界上造像最多和规模最大的石刻艺术宝库、联合国教科文组织认定的"中国石刻艺术的最高峰"、中国石窟之首、世界文化遗产、全国重点文物保护单位……它的开凿历史始于北魏，盛于隋唐，终于清末，历经1400余年，是世界上营造时间跨度最长的石窟寺之一。

在龙门石窟的所有洞窟中，北魏洞窟约占30%，唐代占60%，其他朝代仅占10%左右。其中，西山崖壁上多为北朝隋唐时期的大中型洞窟，而东山崖壁上的窟龛皆为唐代开凿。

图2　南京牛首山

今日的主角正位于龙门西山的崖壁上，它是龙门石窟的象征，甚至在许多场合成了龙门石窟的"独立明信片"。

它就是处于西山南部山腰的卢舍那大佛（图5）。

"卢舍那"是梵语"毗卢遮那"的简称，

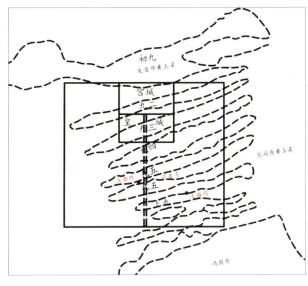

图3　龙首原六坡与隋唐长安城建置示意图

汉文佛典译为"大日如来"，意为"智慧广大，光明普照"。卢舍那佛即是报身佛，代表了修行成佛而显示大智慧的佛身。作为佛教信仰中常见的佛身，卢舍那佛造像在世界范围内可谓不计其数，那为何要独推龙门石窟的这尊卢舍那大佛呢？

是因为它大吗？有一部分原因。卢舍那大佛是龙门石窟中体量最大的佛像，它通高17.14米，头高4米，耳长达1.9米，所在的大卢舍那像龛也是龙门石窟最大的一处窟龛。像龛之内以卢舍那大佛为主佛，右侧为大弟子迦叶，左侧为小弟子阿难，迦叶身旁是文殊菩萨，阿难身旁是普贤菩萨，再往外还有一对英

图4　龙门石窟全景

图5　龙门奉先寺卢舍那佛
年　代：唐高宗咸亨三年（672年）至上元二年（675年）
类　别：不可移动文物·石像
地　址：龙门石窟大卢舍那像龛内（河南省洛阳市龙门镇西山崖壁上）

武雄健的天王和一对咄咄逼人的力士，九尊塑像构成了中国石窟寺造像的经典组合"一佛二弟子二菩萨二天王二力士"。它们是龙门石窟内造像规模最大、造型艺术最精湛的一组摩崖群雕，极富情态质感。看到这里，我们会很自然地意识到，卢舍那大佛不仅"大"，还足够"美"，它的面部丰润含春，秀眉弯如新月，一双善目微微俯视，附以慈祥温和的笑意，庄重而不失平和，文雅却不减明朗。任何人站在龛下抬首仰望，面对着卢舍那大佛的微笑，都会不由自主地从心底生出敬意，沉浸于充满祥和色彩的佛国境界。这种理想意境被渲染得淋漓尽致，足见唐代雕塑高超无匹的造型艺术和浑然天成的设计灵感。

然而，卢舍那大佛闻名于世的真正原因却不在佛像本身，而在一个盛传许久的说法——卢舍那大佛是依照武则天的形象来塑造的，大佛的容貌就是武则天年轻时的容貌。随着龙门石窟成为全国热门的旅游景点，该说法一传十，十传百，以至于当地人都会以此为卖点向游客介绍，慕名来此的游人大多也不是为了观瞻卢舍那大佛，而是要借此目睹和遥想一代女皇武则天的真容。

说到这里，我们不禁好奇，借助武则天名气"爆火出圈"的卢舍那大佛，真是按照武则天的面容来雕刻的吗？要回答这个问题，得先从卢舍那大佛的开凿讲起。

大佛所在的大卢舍那像龛并不是艺术家的专题创作，而是唐高宗李治为皇考李世民亲自供养的造像工程。根据镌刻于大佛佛座北侧的《河洛上都龙门山之阳大卢舍那像龛记》记载，整座窟龛开凿于高宗咸亨三年（672年），完工于上元二年（675年），前后历时3年多。这篇龛记写于大卢舍那像龛功毕当年，算是高宗时期的"当代史"，里面特地提到，咸亨三年四月，时为皇后的武则天赞助了两万贯脂粉钱用于造像，此外并无任何史料表明卢舍那大佛与武则天存在形象上的联系。当然，就大卢舍那像龛的建造来说，李治和武则天无疑是它的供养人。供养人是为制作圣像、开凿石窟和修建宗教场所等活动提供人力物力支持的宗教信徒。在唐代，供养人是可以在出资兴建的工程内保留自身形象的，只不过他们一般会将这种形象以壁画或龛内小像的形式留存下来，而非直接把佛、菩萨等置换成自己的相貌。因此，所谓"依照武则天面容雕刻佛像"只是后人将龛记里的只言片语引申附会的谣传。

既然卢舍那大佛的形象与武则天无关，我们是否有办法觅得她的真容呢？许多人一定会首先想到去观摩目前广泛流传的几幅武则天的纸本画像（图6），似乎凭借这些画像就能轻易确定武则天的容貌。遗憾的是，这同样是完全错误的，存世的所谓武则天御真，皆为明清以来

屠虐宗支毒害忠良
揉窃神器潆机网常

武则天

图6　武则天画像

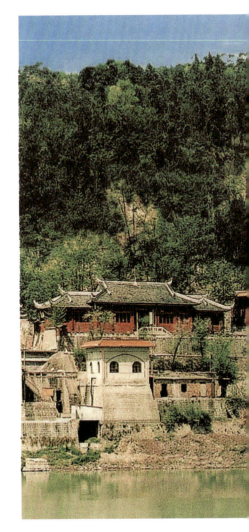

文人墨客依据历史文献的"二次创作",它们
并非相貌写真,而是"拟态而非求真"的艺术
作品。

　　观察画像的路线显然是走不通了,难道
说,我们真的无法得知武则天的真容了吗?其
实不然。仍有一处保存着武则天真容石刻像的
寺庙,它就是位于四川广元嘉陵江畔的皇泽寺
(图7)。这座寺庙原本是为纪念蜀郡太守李冰
而修建的,但由于武则天出生在广元,皇泽寺

便成了她为自己专设的祀庙。作为中国目前唯一一座祭祀和供奉女皇武则天的庙宇，皇泽寺自然不像寻常寺庙那样以大雄宝殿为主殿，它的主殿叫"则天殿"，亦称"武后真容殿"。顾名思义，殿内保存着武则天最原真的容貌——矗立于大殿正中的"武后真容"石刻像（图8），它由整块砂岩雕成，高约1.8米，通体覆饰金箔，宛若金衣披身。北宋

图7　皇泽寺摩崖造像全景图

图8　皇泽寺武后真容像

王存主编的《元丰九域志》记载，武则天登基后，曾特赐皇泽寺按照她的真容造像，于是便有了我们所见的这尊石刻像。石像塑造的武则天虽然老态龙钟，却仍有着"方额广颈"的相貌特点。她头戴佛家宝冠，身着僧尼衣袍，肩披素帛，项饰璎珞圈，双手相叠于膝，神态安详地作法界禅定印，俨然佛门中人。我们无法断言皇泽寺的武后真容像就是历史上武则天的真容，只能说它是诸多答案中最为接近的一个，可惜敕造石像时的武则天已步入晚年，后人终究无法得见千古女帝年轻时的绰约风姿。

　　回到龙门石窟的卢舍那大佛身上，尽管它已被证明不是依武则天相貌雕刻的佛像，但其依旧有着无可取代的文物价值与文化内涵。如果说龙门石窟是石窟艺术中国化的"里程碑"，那卢舍那大佛一定是这块丰碑上最耀眼的碑额。它是中国人在改造佛像外表和情态的艺术实践中最成功的作品，不仅深刻地影响了其后千百年中国佛造像艺术的发展，更令这种审美情趣流播海外，引领着朝鲜半岛与日本列岛的造像风潮。

　　丝绸之路将胡僧的佛法携入西域，又使它向东流传，一路奔向长安和洛阳。长安有玄奘，深奥难懂的佛教典籍经他翻译而得以在大众中口耳相传；洛阳有龙门，异域风情的佛像面孔在卢舍那大佛的微笑下变得和蔼可亲。从此，诞生于南亚的佛教有了东亚世界的灵魂与气魄，而生活于这片热土上的我们，也为光辉璀璨的中华文明新辟了一处安宁和乐的好人间。

知识小卡片·白居易与香山寺

伊水东岸的龙门山通常被称作"东山"，但它还有另一个名字"香山"。"香山"之名，来源于山上的香山寺。它原本是古印度高僧地婆诃罗的墓塔塔院，后在武则天的授意下扩建为寺院，并被命名为香山寺。武周时期的香山寺壮观非常，武则天时常驾亲游幸于此，多次在香山寺中坐朝。"安史之乱"后，香山寺因年久失修，日趋衰败。唐文宗大和三年（829年），著名诗人白居易赴洛阳就任河南尹，他在闲暇时常于伊阙山水间流连，于是萌生了修复香山寺的想法，却因财力有限而未能如愿。直到大和六年（832年），白居易的挚友元稹去世，他将为元稹撰写墓志铭所得的酬金悉数拿出，耗资六七十万贯，终于使香山寺得以重修。他还撰写了《修香山寺记》一文，"龙门十寺"的说法由此诞生。8年后，白居易又出资修复了香山寺的藏经堂，收集缀补5000多卷佛经藏入其中，香山寺荣光重现，一时名声大振，游人络绎不绝。晚年的白居易不仅自号"香山居士"，还在去世前要求将自己葬在香山寺的如满大师塔侧，足见他对香山寺和龙门的眷恋。

熊熊燃烧的粟特圣火
——虞弘墓石椁

在今天，国际交流是一个非常重要的话题。随着全球化进程的加快，不同国家的彼此交往日益密切。这种交流不仅包括国家层面的官方互动，还涉及普通大众之间的往来合作。

图1　唐三彩骆驼载乐俑的粟特人形象

人们往往选择旅游和留学等方式来亲身体验异国他乡的风土人情，增进彼此之间的相互了解。正因如此，我们才能时常看见肤色各异的外国人在城市街道上漫步，他们当中的许多人甚至已经实现了在中国的永久居留。

其实，早在南北朝时期，就有一批奔走于亚欧之间的中亚商人选择留居中国，并最终融入了中华民族的大家庭中，其带来的文化甚至深刻地影响了隋唐时期的文化面貌。他们就是丝绸之路上最精明强干的商业民族——粟特人（图1）。

粟特人的老家在中亚的

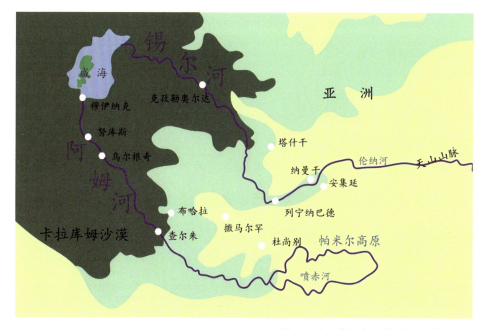

图2　阿姆河与锡尔河之间绿洲分布示意图

阿姆河与锡尔河之间，这里分布着大大小小的绿洲，一片绿洲便是一个小国，历史学家称其为"绿洲国家"（图2）。自4世纪以来，随着丝绸之路的繁荣，善于经商的粟特人同中原地区的交流日益频繁，甚至于丝路沿线建立了许多商业据点性质的粟特人聚落。为了更好地融入中国社会，入华的粟特人还依照在西域的国名为自己取了带有汉地风格的九个姓氏，由于他们共同的祖先姓"昭武"，所以这些粟特汉姓便被统称为"昭武九姓"。

在采用汉姓的同时，也有部分粟特人会兼用胡、汉两种不同的姓名，以适应更多样化的场合。如北周时期粟特人康业的墓志就记载他的三个儿子分别叫汜休延、槃陁和货主，其中汜休延、槃陁就是粟特语的音译，"货主"一名也颇具粟特人的商业文化特征。专家推测，康业本人也给自己起了粟特名，所谓"康业"应是他根据中原风俗所取的汉名。

时至今日，入华粟特人在中国国内的聚落和行迹仍是历史考古学研究的重点内容。我们主要依据各类有关粟特文化的考古发现来确认和复原粟特人在华的"踪迹"，其中最著名的当属粟特人虞弘的墓葬。

1999年夏，一场突如其来的大雨让在山西太原南郊王郭村沉睡千余年的虞弘墓重现于世，它是中国第一座经过科学发掘、有准确纪年且有着完整丰富中亚图像资料的粟特人墓葬。在虞弘墓出土的各类精美文物中，最引人瞩目的是墓主人虞弘的葬具——一座仿木结构式三开间歇山顶的汉白玉石椁（图3）。该石椁长2.95米，宽2.2米，高2.17米，由底座、中部椁壁及歇山屋顶三大部分组成，其结构精巧，底座四周下面还各垫有两个兽头。

图3　虞弘墓石椁
年　代：隋开皇十二年（592年）
类　别：可移动文物·砖石文物
藏　地：山西博物院

不过，虞弘墓石椁最重要的还是椁壁上富丽堂皇的浮雕。除了棺顶，石椁的其余部分均有施以彩绘的描金浮雕图案，共计雕刻54幅。浮雕画面中的人物皆高鼻深目，有的留着短发，有的梳着突厥式或波斯式的发型。他们所穿的服饰也和中原汉人不同，或身穿波斯式的"贯头衫"，或戴小圆锥形的帽子，处处展现着浓郁的异域文化气息。仔细看去，浮雕图案上的人物竟然都显得有些忙碌——他们有的聚在一起举办盛大的宴饮活动，有的在观看乐舞，有的则在与狮子猛烈搏斗，这或许是

图4　石椁上的人物群像（局部）

在还原墓主人生前的生活场景。

其中刻画最为精美的，应是椁内后壁居中的一幅人物群像（图4）。从上往下看去，画面上方中间的亭台处坐着一起饮酒的男女主人，男主人头戴波斯式王冠，留着又厚又卷的长发，女主人则身着华贵裙装，头戴花冠。他们中间摆放着盛满食物的盘子，后侧方各站立着一名侍者。在他们身前的空地上，有一支正在演奏的六人乐队，乐者之间还有一名男子踩在圆形地毯上翩翩起舞。舞者飞速转动，衣袂飘飘，正是最具粟特民族风格的胡腾舞。然而，画面最下方却是一幅惊心动魄的人狮搏斗图，狮子张开大嘴，一口咬住了战士的头颅，战士则俯身向前，用手中的长剑用力刺入狮子的腹部，紧张刺激的狩猎场景与上方画面热闹欢腾的宴饮场景形成了鲜明的视觉对比，具有极强的艺术冲击力。

与宴饮狩猎图相比，研究人员最感兴趣的却是石堂底座正壁的圣火祭坛浮雕（图5）。在这片浮雕图案上，画面正中的是承载熊熊烈焰的大祭

图5 石椁上的圣火祭坛浮雕

坛，祭坛两边各站着一位人首鸟身的半神，他们的双手都戴了手套，一手捂着嘴，一手抬着祭坛，仿佛在举行庄严的祭祀活动。其实，两位"半神"正是主持这场祭祀活动的祭司，整个浮雕是祆（xiān）教里最为典型的"半人半鸟祭司护持祭坛"图案。

什么是祆教？祆教又名琐罗亚斯德教，是主要流行于古代中东地区的一神教，它曾是古代波斯帝国的国教，也是基督教诞生之前中东最有影响的宗教。南北朝时期，萨珊波斯与中国的交流日益频繁，琐罗亚斯德教开始向东传播，由于粟特人同样信奉该宗教，它便经由丝绸之路上的商贸活动传至中国。尽管琐罗亚斯德教也祭祀天神，但当时的中国人认为他们的"天"是胡人的"天"，与中国本土的天神相异，因此称他们为"祆"，"祆"的意思是"胡人的天神"，"祆教"由此得名。同时，因为琐罗亚斯德教的显著特征是崇拜火焰，所以又称作"拜火教"。

"火"在祆教中被认为是教徒与天神沟通的媒介，具有至高无上的圣洁地位。因此，祆教教徒严禁任何事物污染到火，他们甚至认为人呼出的气体也会污染神圣的火焰，故而浮雕上鸟身人首的祭司们才会在祭祀时遮蔽口鼻。

虽然明白了圣火祭坛浮雕的含义，可这样一座充满祆教文化特色的石椁为什么会出土于山西太原的虞弘墓中呢？他与祆教究竟有着怎样的渊源？这就得从墓主人虞弘的生平说起了。出土墓志（图6）表明，虞弘的祖籍地是鱼国的尉纥（hé）驎（lù）城，他的祖父担任过鱼国的领民酋长，父亲曾任柔然高官，并出使过北魏。

"鱼国"是个什么国家，它在哪儿？根据研究人员对石椁人物风格和历史文献的考证，鱼国是曾位于西域古国高昌以西、北魏与柔然的

图6 虞弘墓志及盖

势力交叉地带的粟特人城邦国家。

在讲述完家系和籍贯信息后，虞弘的墓志还记述了他的生平经历——13岁时，担任柔然使节，奉命出使波斯、吐谷浑和月支等国。后转使北齐，最后居留中原。北齐亡后，转仕北周，最后又在隋朝为官，可谓名副其实的"三朝元老"。值得注意的是，虞弘在北周时曾担任"检校萨保府"一职，这听起来似乎不是中国自有的官职。其实，"萨保"一词源于印度地区，有时还被翻译成"萨宝""萨薄"或"萨甫"，原意是指商队首领。随着大量粟特商队进入并定居在中原地区，人员管理逐渐成了需要解决的问题，中原王朝因地制宜地采用了设置萨保统管粟特人事务的方法，萨保在此是相当于粟特人首领的官职，而萨保府则是掌管以入华粟特人为代表的外来定居者事务的机构，有点像今天的移民管理局。

墓志对虞弘在北周末年时职务的全部介绍为："左丞相府，兼领并、代、介三州乡团，检校萨保府。"并、代、介三州均在山西地区，"乡团"很大概率指向粟特人自发结成的集团。换言之，在当时的山西地区，存在着大量以

粟特人为中心的西域胡人聚落。虞弘得到这样的任命，应该是为了方便他从"乡团"与"萨保"两个层面来管理入华粟特人。

事实上，作为在中国长久定居的粟特人，虞弘早就入乡随俗。我们看到，虞弘墓是一座夫妻合葬墓，在考古发掘时，墓中两人的遗骨均在，石堂也设计成了足够容纳两人的体量。为何要特地强调这点？因为粟特地区的祆教徒在死后不会保留遗骨，而是选择让鹰与犬共同吞食尸体，事实证明，虽然信奉祆教，可虞弘并没有按照祆教的习惯处理自己和妻子的身后事，反而选择了中国传统的埋骨葬俗。此外，祆教还规定了教徒死后必须使用一种名为"达克玛"无盖塔楼式葬具收殓遗骨，5世纪以后的中亚粟特地区更是开始流行火葬，并在之后用纳骨罐收集火化后的骨灰进行埋葬。虞弘显然没有也采用粟特人传统的葬俗与葬具，他的墓中石堂与石床榻均为中原汉地传统的石质葬具，可见其已与中华文明深度融合。

在北朝至隋唐时期中国的对外交流中，如虞弘般定居在中国境内的中亚粟特人并非少数，足以说明当时中外交流达到了空前的规模与深度。绵延万里的丝绸之路为沿线地区带来了奇珍异宝与多彩文化，而沿着丝绸之路入华的"外来者"则在这片包容开放的土地上扎根，最终成为中华民族之林中的棵棵秀木。时光飞逝，曾经风靡一时的祆教早已不见其踪。或许，真正燃烧不息的并非粟特人顶礼膜拜的生命之火，而是他们对中华文明的向往与归属之心。

尾声

南唐皇宫内的胡舞节拍

——陶男舞俑

　　唐天祐四年（907年）三月，在哀帝李柷被逼禅位后，大唐走向了王朝生命的终点。曾炮制白马驿之祸的权臣朱温在汴州篡唐自立，国号梁，史称后梁。中国历史正式进入烽火不休的五代十国时期（图1）。

图1　五代十国时期（943年）疆域示意图

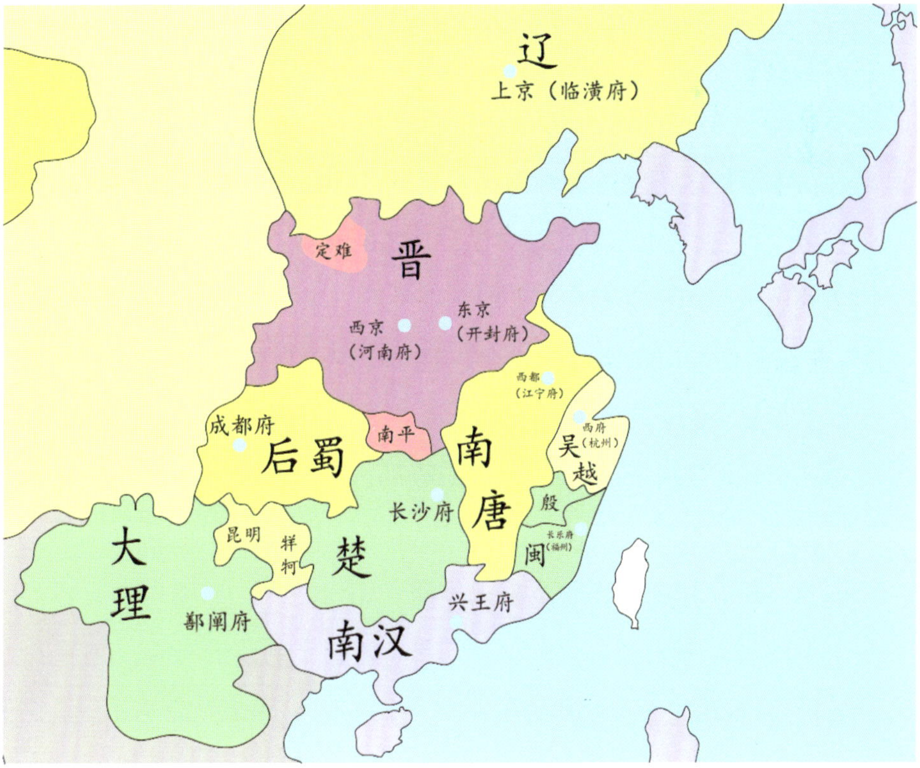

　　李唐国祚（zuò）断绝，标志着作为政治实体的大唐王朝已经不复存在。于是，东汉末年群雄蜂起的景象再度上演，失去中央政权掣肘的节度使纷纷自立，剑南、淮南、晋北、陇西和辽东等原唐朝藩镇皆拒奉后梁正朔。即使如岭南刘隐、闽南王审知和江南钱镠等向后梁称臣的割据势力，也只是象征性地表示归附，后梁对这些政权而言，不过是远在中原的泥偶，既管不了他们，也保不住自己。朱温其人臭名昭著，又杀孽深重，自始至终不得人心，成为后梁开国皇帝后没几年就死于次子刀下，"大梁宫廷"随即陷入了无休无止的骨肉相残。兴许，后梁在建立之初便是不得天命庇佑的。923年，李存勖率军攻入时名汴州的开封府，梁末帝朱瑱自杀，后梁宣告覆灭，享国仅16年。

　　继而称帝立国的是攻灭后梁的李存勖，其政权国号为"唐"，史称后唐——当然不是他与李唐皇室有血缘关系，仅仅是因为他姓李，自认为是唐朝衣钵的承继者。后唐和后梁一样，兴也忽焉，亡也忽焉。倒不如说，五代时期的中原王朝都是如此。

　　在中原地区不断经历政权血腥更迭的同时，江南地区也出现了一个"唐"，它就是由李昪在篡夺杨吴政权的基础上所建立的南唐（图2）。南唐和唐王朝同样没有实质上的承继关系，李昪（biàn）本名徐知诰，937年接受杨吴末帝杨溥的禅让，建立齐国，史称"徐齐"。两年后，他改名李昪，自称是唐宪宗之子建王李恪的四世孙，改国号为"唐"，定都江宁府（今南京市），史称"南唐"。

　　大唐灭亡后近一个世纪，军阀混战的中原大地干戈不休，百姓几无喘息之机，社会生产基本陷入停滞。相比之下，以南唐和吴越（图3）两国为核心的江淮江南地区长期维持着稳定的政治局面，前者"息兵安民"，境内"三十余州民乐业者二十余年"；后者"善事中国"，治下百姓"至于老死，不识兵革"。和平安定的社会环境使东南地区成为五代乱世下的人间乐土，大量饱受战争之苦的北方士人栖身南国，以是当地民用富饶，文教昌盛，43州皆有元和之风，经济重心和文化

图2　南唐疆域示意图　　　图3　吴越疆域示意图

重心的南移由此逐渐完成。尽管之后坐拥天下的赵宋王朝正统袭自五代，可有宋一代的赋税与人才无不仰赖江南输送，就连文坛画坛亦多由南方士人引领风骚。究其原因，大抵都要归功于南唐和吴越对长江下游地区的治理和开发。

　　社会经济的繁荣兴旺促使南唐发展成名副其实的"文艺化政权"，而在此登峰造极之人，当属后主李煜。这位千古词帝精书法，善绘画，通音律，工诗属文，尤以词作冠绝当时。世人皆道李后主百艺俱善，独不能治国，其实多少有些冤枉人了。毕竟，偏安一隅的江南政权在一开始就注定没有争夺天下的资本，即便南唐的国力已是十国之首，但在后周和宋的攻势下也只能苟延残喘。宋开宝八年（975年），南唐国破，李煜奉表投降，彻底沦为了阶下囚。他在次年正月被俘至汴京后，终其一生都未能返回风花雪月的金陵上苑。身为末代君主的他，自然是满载不幸与遗恨的。然而，很多事有时就是这么相互矛盾又彼此成就——所谓"史家不幸诗家幸"，李煜的词恰恰是在他亡国为虏

后，才真正到达前无古人的巅峰之境，他也意外地成为让南唐这一割据政权为后世铭记的最大功臣。今天，若在大街上随机寻找路人，向其提起五代十国，想必鲜有人能立即答出"梁唐晋汉周"，能完整说出十国名称的就更少了，但几乎所有人都会记得五代十国里有一个国家叫"南唐"，都背过《虞美人·春花秋月何时了》，背过《相见欢·无言独上西楼》，背过《浪淘沙令·帘外雨潺潺》，也都知道出自南唐李后主之手。

李煜去世后被宋太宗下旨葬于洛阳北邙山，对亡国之君而言，落叶归根都是一种奢望。然而，南唐因为他摆脱了被世人遗忘的命运，和李后主的词一起实现了文化意义上的永生。

李煜是不幸的，因为南唐亡于他手中；南唐是幸运的，因为它成就了词人李煜（图4）。大唐又何尝不是如此？政治上的大唐早已亡于天祐，文化上的大唐却长存于世人心中。无论是李存勖和李昪在国号上的强行继承，还是后世对"唐风"和"唐人"的向往与追慕，都在有力地证明着：大唐从未远去。

即使是与大唐关系淡薄的南唐，也依旧留存着唐风吹拂的痕迹，它就藏在南唐二陵里出土的一件陶男舞俑身上（图5）。

所谓南唐二陵，是指位于南京祖堂山南麓的两座南唐时期的帝后合葬陵，它们是南唐先主李昪和皇后宋福

图4 《南唐二主词》封面

金的钦陵（图6）和
中主李璟和皇后钟氏
的顺陵。由于后主李
煜葬在洛阳，故祖堂
山南麓只有其父、祖
的陵墓。其中，钦陵
居东，顺陵居西。南
唐二陵是五代十国时
期中国南方规模最大
的帝王陵墓群，两座
陵墓于1950~1951年
由南京博物院组织发
掘，1988年被国务院

图5　南唐陶男舞俑
年　代：南唐（937~975年）
类　别：可移动文物·陶质文物
藏　地：南京博物院

公布为全国重点文物保护单位。虽然二陵曾多次遭遇盗掘，但陵墓建
筑基本保存完整，共发掘出土了600多件随葬品，其中又以李昪的玉哀
册和诸多造型各异的陶俑最为珍贵。

　　陶俑是中国古代高等级墓葬中常见的陪葬品，我们所看到的这件
泥质灰陶的男性舞蹈俑，正是钦陵出土的10件舞蹈男俑中最为完好的
一件。它的表面曾有彩绘，出土时已斑驳殆尽。整件陶俑通高46厘
米，头戴幞头状帽，身着窄袖长袍的翻领舞衣，袒胸露腹，长袍自腰
际大敞，又束以锦带，足踏短筒马靴。仔细观察，会发现陶俑的头部
非常大，并不符合人体的实际比例，这其实是工匠为了突出人物的面
部特征而采用的夸张雕塑法。在比例失调的头部，这位舞者的五官和
表情一览无余：双目远瞩，鼻翼微鼓，两唇略张，嘴角上翘，面露笑

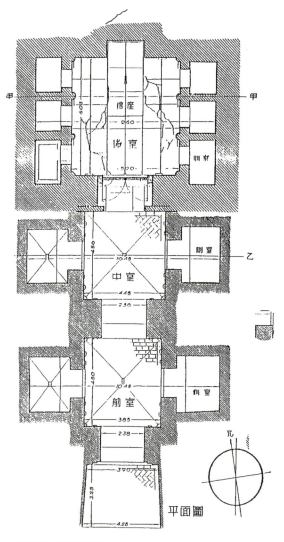

图6　南唐钦陵平面示意图

容，满脸洋溢着喜悦之情。除此之外，它的脸上还涂着厚重的白粉，白粉边缘亦有红粉的痕迹。当然，男舞俑最无法忽视的是它的外貌——深目高鼻，胡须满腮，颔下长须垂至胸前作三角形，俨然典型的西域胡人形象。再回看舞俑的服装，不正是大唐流行的西域胡服吗？

既已确定了男舞俑是胡人胡服，那它跳的是什么舞呢？我们且看它的舞蹈姿势：左臂高举，右臂自然垂到身后，扭腰摆胯，作扬袖起舞之态，又兼有露出腹部的特写，这很容易让人联想到一种极富西域风情的舞蹈表演——腹舞，也就是俗称的肚皮舞，是十分古老的舞种，需要舞者通过腹部肌肉的剧烈运动来产生特殊的视觉效果。究其源流，腹舞是中亚地区石国胡腾舞的一种，其舞蹈动作充满力量而富有韵律，在唐代宫廷中很受达官贵人的喜爱。石国是由丝绸之路上最善于经商的粟特人建立的昭武九姓胡国之一，相传，石国人极为善舞，他们创作的许多舞蹈都广泛流行于唐宋时期的中国。

经过上述介绍，这件惟妙惟肖的陶男舞俑似乎反而变得有些失真。若非它出土于南京祖堂山的南唐钦陵中，我们恐怕真的会以为它是关中地区某座唐墓中出土的。尽管南唐政权建立的时间与唐朝灭亡相去不远，但这样一件充满唐风的随葬陶俑出现在南唐开国皇帝的陵墓中，还是不免引人好奇。

就南唐二陵来看，钦陵出土的人物俑不仅数量最多，制作也最精美，文臣、持盾武士、高髻宫女和舞女等男女陶俑多达136件，陶男舞俑自然也被包括在内。不难发现，这些人物俑完全是南唐宫廷人物的缩影，而男舞俑就是南唐宫廷中专门表演歌舞的伶人。或许是因为李昇本人仰慕唐代的盛世景象，多方效仿，除了勤勉谨慎的治国方针外，唐代流行的胡服胡舞也受到了他的大力推崇。可以想象，当年金陵城的南唐宫廷中，应当时常回荡着胡人乐舞的灵动节拍。

李昇的爱好最终以随葬品的形式被复刻在了陵墓之中，这些身穿唐代胡服的伶人，在地下世界陪伴主人度过了1000多年的时光。时至今日，我们已经很难判断，南唐宫廷内昙花一现的胡人乐舞，究竟是一时兴起的宫廷燕乐，还是恋恋不舍的盛世回首。毕竟，南唐的君主不是杜甫，至少能"忆昔开元全盛日"；金陵也不是长安，比起河西走廊，它离东边的大海更近。他们甚至没能亲眼见过盛唐长安的模样，却在短暂的统治时间里创造出了盛大灿烂的社会文化，为后世留下了宝贵的精神财富。兴许，这件现藏于南京博物院的陶男舞俑是见证者，见证大唐的衰亡，也见证唐人风貌的永存，就像它身上的创作理念——效仿唐风之外，更添几分灵动，这便是南唐对中国陶俑艺术的独特贡献。

时至今日，"唐"已然变为一个符号，一个与华夏儿女相生相依的文化字符，一个注视着中华民族伟大复兴的节点标记。而我们，也必将赋予它更为深沉和广阔的时代内涵。

"胡旋女，胡旋女。心应弦，手应鼓。弦鼓一声双袖举。回雪飘飘转蓬舞。"自汉代以来繁盛畅通的丝绸之路，往往以胡人胡风为最鲜明的表征，它们在进入中国后，渐渐与中国的本土文化融为一体，"唐风"就此诞生。如今，这条路又以一件南唐的陶男舞俑作结，向世人宣告着自己的暂时沉寂。宋代以后，胡人俑的数量与质量都显著降低了，这似乎昭示着陆上丝绸之路的衰退，海上丝绸之路时代的来临，中国也由此迎来新的历史阶段。

回望驼铃悠悠的丝路古道，我们不禁感慨，当人类的足迹第一次烙印在这颗蔚蓝的星球上时，不同族群间来往交流的齿轮便已悄然转动。直至地理大发现时代来临前，一条横亘在欧、亚、非三大洲间的漫漫长路，早已如画卷般徐徐展开。路上人群熙攘，脖铃声急，绵延至今。得益于这条长路，长安城内随处可见高昌的波斯僧、龟兹的胡旋女与碎叶的羯鼓郎；阳关外的撒马尔罕，汇聚着世上最精明的粟特商人；泰西封的街道两侧贩售着天竺的香料，而罗马的贵族们则为东方的丝织品一掷千金。从平城京到亚历山大港，从白沙瓦到君士坦丁堡，人类用千百年光阴，丈量出了文明的尺度。

之后的岁月，人们凭借着对未知世界的好奇和探索未来的信念，踏遍了地球上的每一寸热土。直到今天，以丝绸之路为代表的道路，已经如一张巨网，连陆跨洋，串联起整个世界。

书页将尽，丝绸之路的故事却远未告结。今天，书写故事的笔已交到你我手中，我们将会为这漫漫长路谱写出怎样的新篇？希望在未来的某一天，我们能面无愧色地站在先人面前，铿锵有力地告诉他们：这条路比以前更宽、更广、更好了！

编后记 庚华

　　作为珍贵的历史文化资源，文物不仅见证了各民族交往交流交融的历史，还在铸牢中华民族共同体意识教育、推进中华民族共同体建设的过程中发挥着重要作用。在此基础上，根植于深厚学术研究的馆藏文物展示利用是博物馆提供公共文化产品的主要途径，文物科普读物则是帮助广大非专业人士理解文物背后故事的学术成果再转化，是培养博物馆观众群体和履行博物馆社会教育职能的有效手段，更是博物馆在铸牢中华民族共同体意识工作中润物细无声的文化力量。

　　应时而生的中南民族大学文物与博物馆学专业，隶属于民族学与社会学学院，创办至今已有10个年头。我讲授的《文物学概论》《文物学研究专题》业已成为该专业本科生、硕士生必修的基础课程。本着激发学生兴趣的初衷，在授课过程中总是鼓励同学们践行"学中做，做中学"的学习理念，围绕感兴趣的文物深挖历史文化背景，并将其梳理成一篇篇小文章以作锻炼。在此坚持下，我们看到了闪现在他们字里行间的才华，看到了他们孜孜以求的探索精神和日益迅速的学术成长。2023年，应海峡出版集团鹭江出版社的邀请，我们完成了针对低龄学童的海洋文物科普读物《海洋时光机》，社会的反响给予我们强烈的使命感和坚定的信心，一定要把文物科普读物的编撰工作当成一种品牌继续打造下去。

于是，这套丝路文物科普丛书应运而生。本书系由陈祥军院长主编，我担任执行主编，得到了中南民族大学民族学与社会学院的鼎力支持，也受到了中南民族大学科学发展研究院、国家民委"一带一路"国别与区域研究中心——丝绸之路研究中心的帮助。本套丛书还是国家社会科学基金冷门绝学研究专项学术团队项目"丝路古道新疆段遗迹考察与中华民族'三交'史文物文献整理研究"（项目编号：23VJXT016）的阶段性研究成果。书籍的顺利出版亦离不开文物出版社许海意等多位老师的指导，他们以过硬的专业水平无私地为这套书校订文字、勾画蓝图和描摹框架，可谓精诚竭力。

作为本套丛书的开篇之作，《丝路流光：丝绸之路上的文物传奇》（以下简称《丝路流光》）由高睿泽和李怡欣两位作者合作撰成。他们是中南民族大学文博专业2018级的本科生，毕业后分别在南京大学和浙江大学继续攻读文博专业的硕士学位，堪称我们培养的众多优秀毕业生的代表。在完成日常学业之余，他们往往于深夜挤出时间撰稿，有时甚至通宵达旦。没有他们的辛苦付出，便没有这本书的问世。也正是在这个过程中，我深刻感受到了文博青年踔厉奋进的精神，亦由此对中国文博事业的未来充满期待。

值得一提的是，他们也是《海洋时光机》的撰稿人。或许可以说，《丝路流光》延续了他们在前作撰稿中的工作思路。在写作之初，我们共同拟定了能集中反映丝绸之路文明史与民族交往交流交融故事的20件文物，并拟定主要内容，以此展开写作。其中，序章（1篇）、关联政治制度的"汉唐风流在（5篇）"、关联宗教信仰的"宏愿不曾堕（3篇）"和尾声（1篇）的10篇由高睿泽撰成，关联社会生活的"万家灯火明（5篇）"和关联文化交流的"天下皆胶漆（5篇）"的10篇由李怡欣撰成。高睿泽在进入南京大学攻读文博硕士后，在本科阶段的博物馆学方向之外，大量吸收了秦汉至隋唐时期的历史与考古知识，并拓展了东亚古代文明交流的背景信息，其所撰篇目的历史内涵详尽于汉唐之间，多有"从中国观世界"的广阔视域；李怡欣在进入浙江大学攻读博物馆方向的硕士后，也新开拓了宋代物质文化和中外美术史等学习方向，故而我们能够在她撰写的篇目中读到宋代以降中国社会的典雅风貌与艺术史视角下的人文睿思。我将他们的成长之路视作当代中国文博青年工作者的应由之径：从博物馆学的花园里成长起来的青年学人，一定不能单纯囿于博物馆学科的一方天地，相反，要大量吸收来自历史学、考古学、人类学乃至更多学科的智力成果，从而真正成长为具有中国眼光和世界胸怀的新时代文博人，这也是文博专业在成立之初选择扎根于民族学与社会学学院的根本之义。

在两位主笔人员之外，中南民族大学历史大类2023级的25名本科生积极参与了《丝路流光》相关图片资料的收集工作，他们是阿依古丽、曹萍丹、陈瑞德、陈晓奕、丁睿玥、杜宇若、高俐、蒋寒、梁思莹、林廷玉、刘沛、刘家慧、任芮莹、史怡和、申苡榕、王黎晖、王钰、吴春莹、徐铭奕、杨惠琳、姚童辛、余建西、赵钦南、张航、朱书博。25名新生在图片资料收集的过程中已经表现出了令人惊喜的专业能力，后生可畏，后继有人。方玉婷、劳伟、廖天淇、陆愉欣、王卓榕、周小龙等6位同学则针对书稿进行了细致的文本校对，使得本书能够以更为严谨和准确的面貌呈现在读者眼前。

　　南京大学历史学院的硕士研究生李由之做了插图的收集整理工作中，还绘制了本书所需地理示意插图共17张，为全书图版的顺利形成做出了重要贡献。南京牛首山文化旅游区（南京牛首山风景图）、江苏苏宁国际旅游有限公司（日本奈良东大寺风景图）和曾思浩（洛阳伊阙和龙门石窟风景图）、曹泽乙（南京南唐二陵外景图）、马欣（希腊圣托里尼风景图）等单位和个人提供了中外名胜古迹的实地摄影作品，为书中文字增光添彩，在此一并致谢！

　　文博教研室的丁兰、高晶晶、胡飞和李雪婷老师也都参与了《丝路流光》的审定工作。在此，谨代表丛书编委会，对所有付出辛勤劳动的老师和同学致以最诚挚的谢意。毋庸置疑，这本书是中南民族大学文物科普丛书的首发，是文博科普工作迈向更深层次的响亮开头，它见证了中南民族大学文博专业教学实践相结合的优良学风，也见证了文博师生的缘分和情谊。

　　功不唐捐，江山代有才人出！

2024 年 1 月 31 日于南湖之畔